# MAMAN PAPA L'ÉCOLE et MOI

Leila Rasheed

# MAMAN PAPA L'ÉCOLE et MOI

Traduit de l'anglais
par Catherine Bard

Estampille
bayard jeunesse

*Pour papa, maman et Shafiq,*
*avec tout mon amour.*

Illustration de couverture : Régis Faller

Ouvrage publié originellement
par Usborne,
sous le titre *Socks, Shocks and Secrets*.

18, rue Barbès, 92128 Montrouge Cedex
ISBN : 978-2-7470-3477-7
Dépôt légal : septembre 2012

Loi 49-956 du 16 juillet 1949 sur les publications destinées à la jeunesse

# ÊTRE BATHSHEBA

par Bathsheba Clarice de Trop

Bonjour, chers lecteurs ! C'est moi ! Bathsheba Clarice de Trop.

Eh oui, c'est mon vrai nom. Je suis sûre que vous me connaissez : vous avez lu « *Intrigue à Paris pour Bathsheba* » et « *Bathsheba aux Caraïbes* » ! Vous devez me trouver un peu différente de la Bathsheba des livres écrits par ma mère. (Par exemple, mes cheveux sont châtain terne, pas blond champagne, et je ne suis pas ~~jolie~~ super grande ni super mince.) C'est normal, vous savez, car tout est inventé dans les livres. Donc je n'ai pas ~~des tonnes d'amis~~ d'amis incroyablement prestigieux alliés à la famille royale. Je n'ai jamais sauvé le monde ni résolu aucun crime mystérieux. Et je ne vais pas au collège très sélect de Saint-Barnabé, pour la bonne raison qu'il n'existe pas. En vrai, un professeur particulier vient me donner des leçons à domicile, ce qui est vraiment ~~ennuyeux~~ ennuyeux.

Mais tout ça va changer, parce que – vous savez quoi? – je fais ma première rentrée des classes dans seulement deux jours! Et devinez où? Au collège de Clotborough. J'entre en classe de 5e le 1er septembre. Alors au moment où vous me lisez je suis peut-être assise à côté de vous, en maths ou ailleurs! Et rebonjour! Appelez-moi le directeur! (En vrai, j'ai déjà rencontré M. Baxter-Bix... Il est gentil, mais son visage est bourré de tics. Je crois que mon boa en plumes rose vif l'a pas mal énervé. Si vous lisez ces lignes, monsieur Baxter-Bix, je promets de ne pas le porter à l'école!)

Bref, de toute façon, je ne suis pas comme la Bathsheba des livres de ma mère, et ça me rendait triste, avant, parce que je voulais être comme elle. Je voulais être super glamour et super cool. Mais depuis j'ai trouvé un père et une amie, et les choses vont beaucoup mieux... à part qu'une horrible fille appelée Avocado m'a volé MON rôle dans MON film, et que ma mère a dû partir en Amérique pour travailler sur ce film ~~et qu'elle va vraiment me manquer~~ et que ce n'est pas grave : je ne vais sûrement pas lui manquer beaucoup, puisqu'elle est toujours débordée. Mais je m'ennuie de Natacha.

Natacha, c'était notre gouvernante, et maintenant elle travaille pour une star de rock et ses trois enfants. Elle fait de très bonnes lasagnes et elle est la marraine de ma ~~première~~ meilleure amie Keisha, la rédactrice de cette gazette ! Bonjour, Keisha !

Sinon, quoi d'autre ? Ah oui, voilà quelques trucs que je veux faire à l'école.

* M'inscrire au club Théâtre. Je meurs d'envie d'avoir un rôle, même tout petit, dans une vraie pièce. Et je veux vraiment, vraiment faire le stage du Dramarama l'été prochain. Je SERAI star de cinéma, plus tard – malgré Avocado !

* Faire partie du club Journal de l'école ! Mon amie Keisha, la rédactrice en chef, y est, et elle dit que c'est génial.

* Me faire des tonnes et des tonnes de nouveaux amis !

* Les soirées ! Je sais que l'école a lieu pendant la journée, mais ces fêtes de nuit ont toujours l'air si cool dans les livres de maman. On pourrait peut-être tirer les rideaux pour qu'il fasse plus noir, non ? Et puis aussi, j'espère qu'il va se passer quelque chose d'horrible, du genre « On a volé la Coupe de Hockey », parce que c'est toujours ce qui arrive dans les livres sur l'école... dans ceux de maman, en tout cas. Et là, pas de panique ! J'attrape le voleur !

Spectaculairement vôtre,

Bathsheba Clarice de Trop !

Bien, je crois que je ne peux pas faire mieux, pour l'article de *La Gazette du collège de*

*Clotborough*. Maintenant, je n'ai plus qu'à le taper et à le donner à Keisha. En espérant qu'il sera publié !

## Plus que deux jours

**Samedi : mon premier jour dans ma nouvelle maison avec Bill. Et dans deux jours je vais à l'école pour la première fois de ma vie!**

Cher journal,

Enfin, te revoilà ! Ou plutôt te voilà, parce que, bien entendu, ce n'est pas sur toi que j'écrivais quand je vivais avec maman dans notre immense hôtel particulier de Kensington. L'autre journal était plein à craquer (même la couverture... il s'est passé tellement de choses au cours des derniers mois) et il est rangé sous mon lit dans ma boîte à secrets, en attendant que je devienne une actrice de cinéma célèbre, et que je puisse le publier.

Tu es un journal différent. Un carnet franchement plus banal et bon marché, parce que Bill – c'est mon père – dit que nous devons Vivre Selon Nos Moyens.

En fait, si j'avais voulu, j'aurais pu avoir un journal bien plus joli, parce que maman m'a laissé un compte en banque avec beaucoup d'argent pour quand elle serait partie. Mais elle n'a rien laissé à Bill. Alors, quand j'ai choisi le cahier mauve hors de prix chez Paperflo, tout à l'heure, je me suis rappelé brusquement que Bill venait de s'acheter un costume dans une boutique de troc, et je me suis trouvée tellement nulle que j'ai remis le cahier à sa place... Et je t'ai pris, toi, cher journal ! Tout gris avec des coins gris plus foncés, un peu comme le ciel en ce moment. Mais attention ! Ça va changer ! Parce que... j'ai des autocollants !

Cher journal, en avant pour une super séance de maquillage !

**Deux heures, vingt-cinq autocollants, un tube de paillettes et six feutres plus tard...**

Regarde-toi maintenant ! Tu es magnifique ! Tu es *princessieux !* Tu es brillant, pailleté, avec du rose, du bleu et du jaune partout, et plein d'étoiles dorées, qui sont les autocollants du Dramarama (c'est ma meilleure amie Keisha qui me les a donnés). Et j'ai dessiné sur toi le portrait de mes deux poneys, Pepper et Poppy !

Tu veux savoir où on en est ? Eh bien, voilà. Maman s'est envolée pour l'Amérique ce matin et j'ai emménagé dans la nouvelle maison avec Bill. Je me sens un peu bizarre quand je pense à ça. J'ai du mal à imaginer que maman est vraiment... partie.

Mais je dois être positive, comme a dit maman en me quittant, quand j'ai failli me mettre à pleurer. Et le fait positif est que, maintenant c'est officiel, à partir de ce matin j'habite avec Bill, mon papa !

Tu dois aussi te demander à quoi ressemble ton nouveau domicile. Eh bien, de l'extérieur il n'est pas très *spectaculaire.* Notre nouvelle maison (celle de Bill où j'habite) est dans un *cul-de-sac*[1], ce qui veut dire, d'après Bill, « sac-à-fesses » en français[2]. Je ne sais pas si c'est vrai : est-ce que le gouvernement a le droit d'être aussi grossier avec ses rues ?

De la fenêtre de ma nouvelle chambre, je peux voir jusqu'à la tour Taylor, où vit Keisha, au vingtième étage. Notre petit bout de quartier est fait de maisons de briques qui sont toutes pareilles, soigneusement posées autour d'un cercle de gazon. Aucune n'a l'air aussi effrayante que le disait maman, et tous les gens que j'ai croisés jusqu'à présent ont été très gentils.

---

1. En français dans le texte.

2. *Bag of Bum*, « cul-de-sac » en anglais, signifie en réalité « fond de sac ».

L'hôtel particulier où j'habitais avec maman était immense ; il y avait trois salons, deux salles à manger, huit chambres, quatre salles de bains, une piscine et un garage en sous-sol. Ici, tout est minuscule... tu montes l'escalier et hop ! c'est fini. Si j'écarte les bras au maximum, je peux toucher les deux murs de ma chambre en même temps. En fait, c'est un peu comme si on vivait dans une cabine spatiale, et j'aime bien.

L'autre particularité est qu'il y a un piano coincé dans l'entrée. Tout ça à cause des déménageurs, qui pensaient qu'il passerait, et de la maison, qui n'a pas été d'accord.

Ça énerve drôlement Bill. Alors je suis en train de lui préparer une liste des « Avantages d'avoir un piano coincé dans l'entrée ». Les stars doivent toujours Penser Positif !

Les avantages d'avoir un piano coincé dans l'entrée :

* S'il y a des voleurs, on les entendra faire des gammes malgré eux.

* Je peux donner des concerts pour toute la rue. J'ouvre la porte et hop ! Départ immédiat du festival en plein air. « Lettre à Élise » et « Marche turque » !

* L'escalader ou se glisser sous lui à quatre pattes nous fera faire du sport.

* Quand on saute en chaussettes à partir du milieu de l'escalier sur le piano et qu'on glisse le long du clavier, on atterrit directement sur le canapé de la salle à manger. C'est sans danger et bien plus rapide en cas d'urgence – s'il y a un incendie, par exemple.

**Plus tard : après avoir essayé et réessayé de déplacer le piano...**

Bill vient juste de me donner sa propre liste !

Les inconvénients d'avoir un piano coincé dans l'entrée :

– On ne peut inviter que des gens très minces et très motivés, puisque personne d'autre ne peut passer.

– Ma fille dingo s'amuse à bondir dans la salle à manger à la vitesse d'une fusée : elle prend le clavier du piano pour une rampe de lancement et elle trouve ça malin. Je m'attends à une jambe cassée. Ou à un canapé cassé. Ou aux deux.

– Le propriétaire fait payer les dégradations, et, quand on aura enlevé ce monstre, il n'y aura plus de peinture sur les murs. Je n'ai toujours pas de travail, tu te souviens ?

PS : Bathsheba, tu as trop d'affaires !

Oh, je trouve que Bill devrait être moins négatif ! Je le sais bien, que j'ai trop de choses, même si j'en ai laissé des tonnes derrière moi (au garde-meuble, parce que mon ancienne maison va être louée à une famille américaine). Maman m'a demandé de faire des choix pour ne garder que mes affaires préférées, mais j'ai beaucoup de préférences... Pff.

En voici quelques-unes :

* Sept grandes penderies bourrées de vêtements, dans lesquelles on peut tenir debout.

* Un piano (oui, celui qui est coincé dans l'entrée).

* Un lit à baldaquin (encore démonté dans le jardin).

* Un Snoopy géant en peluche (qui se penchait DANGEREUSEMENT sur mon berceau quand j'étais bébé. En vrai, je le déteste, mais maman a pleuré quand j'ai dit que je le laissais... Keisha connaît peut-être quelqu'un à qui le donner?).

* Quatre-vingt-sept autres peluches – des ours, des chiens, des girafes, des serpents, des singes, des pumas, etc.

* Un château gonflable que j'avais complètement oublié.

Et je ne compte pas tous les livres, les jeux et le reste, qui remplissaient encore des tonnes et des tonnes de cartons...

J'étais complètement médusée quand j'ai vu tout ce que j'avais. C'est vrai, au bout d'un moment, on oublie.

Tout ça me rend un peu...

Oh ! voilà Keisha ! Je vais faire du roller, journal... bisou bisou, à tout à l'heure !

**Après de longues glissades sur les chapeaux de roues - style champion de rollers...**

Je suis de plus en plus douée en rollers ! On a dévalé le chemin jusqu'à l'aire de jeux, et là on s'est accrochées au tourniquet en toile d'araignée et on a tourné, tourné en hurlant. C'était super génial, mais trop épuisant ! Alors on a dû s'arrêter au bout d'un moment.

Si tu t'assieds au bord du tourniquet araignée, tu peux donner de petits coups de pied par terre pour te faire tourner, et, quand on est deux, on peut décider de le faire en rythme, tranquillement, en regardant le ciel qui dérive en rond, et c'est ce qu'on a fait. On s'est mises à parler du camp d'été du Dramarama. Keisha y est déjà allée une fois, alors je suis sûre qu'elle sera acceptée cette année encore. Oh, j'espère être prise aussi ! J'ai tellement envie d'aller passer toute une semaine dans un vrai château au fin fond du Yorkshire, à faire du théâtre, en suivant les conseils particuliers d'une star, venue en invitée surprise ! Et si tu es vraiment forte – ou peut-être juste un peu folle –, tu es filmée par l'équipe de télévision et tu passes dans l'émission appelée *La Chronique du Dramarama* !

Sur le chemin du retour, le portable de Keisha s'est mis à sonner pour lui signaler qu'elle avait un texto. (J'ai demandé à Bill si je pouvais avoir un portable, mais il m'a répondu « NON, ça dégage des rayonnements mortels ». Le téléphone de Keisha est adorable... dans un étui en fourrure rose avec de petites breloques en argent, et sa sonnerie est la musique du générique de *La Chronique du Dramarama*.) Keisha l'a sorti de sa poche et l'a regardé, puis elle a rougi tellement fort qu'elle est devenue assortie à l'étui en fourrure !

– C'est qui ? ai-je lancé négligemment.

– Rien ! Il faut que j'y aille ! Désolée ! Je te revois à l'école, Bath.

Elle m'a embrassée, mais elle ne m'a pas regardée dans les yeux en me disant au revoir. Et puis elle a filé en trombe sur ses rollers !

Très BIZARRE, cher journal.

Je me demande vraiment qui lui a envoyé ce texto.

### Ma toute première nuit dans ma nouvelle maison !

Voilà, c'est ma première nuit dans ma nouvelle maison. Ça fait drôle, cher journal. Comme si je partais camper sous la tente, sauf qu'il n'y a pas de tente.

Après le dîner (du poulet rôti, miam), Bill et moi avons regardé un peu la télévision. Ça n'arrive jamais avec maman, parce qu'elle est toujours trop stressée pour faire une pause. Pendant *La Chronique du Dramarama*, je n'ai plus pensé à rien. J'étais complètement concentrée sur le garçon aux cheveux bleus – je voulais qu'il ait le rôle de Roméo –, mais, dès la fin de l'émission, je suis revenue sur terre et j'ai regardé autour de moi en pensant : *Hum ! c'est sûrement l'heure d'aller se coucher.*

D'habitude, je ne suis pas pressée d'aller au lit, mais cette nuit était différente. D'abord, j'avais envie d'en finir, pour que ce ne soit plus jamais la première fois. Et puis, j'avais besoin de m'installer dans ma nouvelle chambre. Je voulais savoir si c'était long d'aller de l'interrupteur à mon lit, au cas où cette pièce serait du genre à faire peur dans le noir. En plus, Bill commençait à bâiller. J'ai dit :

– Eh bien, bonne nuit !

– À toi aussi. Euh, tu veux que je te raconte une petite histoire... ? m'a-t-il demandé, nerveux.

– Je ne suis pas un bébé !

– Oui, pardon, pardon. C'est que... Tu sais, je ne veux pas que tu me prennes pour un mauvais père...

– T'inquiète... J'ai un livre.

– Ah, très bien. (Il avait l'air drôlement soulagé.) Alors, bonne nuit dans ce cas.

– Bonsoir.

– Bonsoir.

On a échangé une petite courbette, un peu comme des gentlemen japonais, et puis je me suis sauvée dans l'escalier.

Je suis couchée, maintenant, je suis déprimée et j'ai le cafard, cher journal. (Heureusement, j'ai une lampe électrique et je peux t'écrire !)

Maman me manque. Et Natacha me manque aussi, car en vrai, quand j'étais petite, c'était elle qui me racontait mon histoire et qui me bordait, puisque maman n'était presque jamais là le soir.

Oh, j'espère que maman va bien dans son avion qui traverse l'Atlantique. Ou le Pacifique ? Je confonds toujours.

En pleine journée, on n'a jamais autant de raisons de s'inquiéter que pendant la nuit. Je crois que les soucis profitent de l'obscurité pour sortir à pas de loup. Et si les ombres étaient une Porte Noire ouvrant sur un Pays de Démons ? Oh ! je ferais mieux d'arrêter de penser à des trucs effrayants. Stop.

Mais tout est tellement nouveau. Même les ombres sont nouvelles. Je m'étais habituée à celles de mon ancienne chambre. Celles-ci sont effrayantes d'une façon différente. Et maman n'est pas là, Natacha non plus. Il n'y a que Bill.

En fait, je connais à peine Bill. Puisqu'il a été absent pendant des années. Et si nous découvrons tous les deux que nous ne nous aimons pas ?

Si Bill finit par décider qu'il ne veut pas de fille ?

À cet instant précis, je ressens comme une envie de me sauver en courant et de retrouver le temps où j'habitais avec maman, quand je n'avais pas besoin d'aller à l'école, quand tout était rassurant. Seulement, je ne peux pas. Et je n'en ai pas *vraiment* envie. Ce sont seulement ces nouvelles ombres qui m'influencent, je le sais.

Si jamais Bill avait envie de se sauver pour ne plus avoir de fille, il pourrait, lui ! Parce qu'il est un adulte. Les adultes peuvent faire tout ce qu'ils veulent.

Alors, s'il m'abandonne ? Avec maman en Amérique qui ne peut pas venir me chercher ?

Oh là là. Je dois Penser Positif ! Penser à des choses agréables ! Comme... l'école.

J'ai TELLEMENT hâte d'être à l'école. Pour la Bathsheba des livres, tout ce qui est passionnant se passe pendant l'école. Elle sauve sa meilleure amie d'une mort certaine. Elle découvre qu'une princesse se cache dans le gymnase. Elle s'échappe de l'infirmerie en flammes en fabriquant une corde avec des draps noués bout à bout !

Et bien sûr, quand elle est à l'école, la Bathsheba des livres est entourée de tous ses millions d'amis qui l'aident dans ses incroyables aventures.

Oh ! Je n'en peux plus d'attendre l'école pour commencer à me faire des amis ! Je veux des amis qui me suivront partout. Je serai une reine entourée de sa cour !

... Il y a une ombre, là-haut. Elle a l'air particulièrement noire et menaçante, et pourtant je sais qu'il s'agit de mon armoire, dans laquelle il y a mon uniforme d'école tout neuf. Il est tellement beau ! Tout vert avec une cravate rayée jaune et noire. Oui ! J'ai même une cravate ! Mais je n'arrive pas à la nouer. Bill a essayé de me montrer : je n'arrête pas de m'embrouiller les doigts dans la boucle.

Voilà, cher journal. Mon uniforme est rangé dans l'ombre de mon armoire. Même ce qui est effrayant peut contenir quelque chose d'agréable. Maintenant je peux dormir. Avant-dernière nuit avant la rentrée.

## Plus qu'un jour

**Dimanche. 8 h 30 du matin. Dans la salle de bains, nez à nez avec un canard en caoutchouc. Le canard porte des lunettes de soleil en plastique et une inscription sur le dos : *Simple comme couac* !**

Euh... Donc, ce matin je me suis levée à l'heure habituelle, j'ai fait mes exercices de star de cinéma (trois séries de poses différentes et deux petits sourires satisfaits), et puis je me suis dirigée vers la salle de bains. Que j'ai trouvée fermée à clé. Et d'où provenaient des bruits de douche et une voix d'homme en train de chanter !

JAMAIS ça ne serait arrivé dans la maison de maman. J'avais ma propre salle de bains, chez elle. Je suis restée plantée là, avec ma serviette beige et ma brosse à dents rose vif, je ne savais pas quoi faire, et j'ai senti que j'allais me mettre à pleurer.

Encore une nouveauté ! Ça ne s'arrêterait jamais...

Enfin la porte s'est ouverte en libérant une vague d'after-shave, et Bill a surgi :

– Tu fais la queue, Basse ? Ha, ha.

Il a vu ma tête :

– D'accord, c'est nul, pardon. Si tôt le matin je ne suis pas très drôle.

– Je voudrais me laver, ai-je expliqué tristement.

Il m'a regardée, songeur, et puis il a eu l'air de décider qu'il pouvait me laisser seule :

– Excellente idée. C'est parti, mon zappi !

???

Vraiment, être un papa, je trouve que ça fait dire n'importe quoi.

J'ai quand même souri. Je crois que ce sera bien d'habiter avec Bill.

Je ne sais pas d'où sort le canard. Il n'était pas là avant.

La vie est faite de petits mystères.

**Après le petit-déjeuner (Plus qu'un avant la rentrée!) Je me sens beaucoup mieux.**

Aujourd'hui je vais aller explorer notre rue en forme de fesses. Sur mes rollers. Et habillée en tutu.

J'ai prévenu Bill, qui m'a demandé :

– Pourquoi en tutu ?

Pourquoi pas ?

C'est ravissant, un tutu !

Il a ajouté :

– Je ne crois pas que Marco Polo et Christophe Colomb aient fait leurs explorations en tutu.

– Ce qui prouve bien qu'ils n'avaient aucun goût vestimentaire !

Et toc !

**Premier arrêt pendant l'exploration : je mange une banane pour prendre des forces.**

Cher journal,

Dans notre rue il y a dix maisons. Certaines ont des fleurs dans leur jardin et l'une d'elles a même une camionnette de marchand de glaces ! Il y a aussi une benne blanche remplie de gravats, sur le trottoir. Je suppose que les gens de cette maison-là viennent d'emménager et qu'ils la restaurent. J'ai patiné dans le coin pendant un moment, mais je crois qu'il n'y a pas d'enfants de mon âge, je veux dire des adolescents.

Notre voisine porte un sari. Elle a un petit garçon qui pédale sur un tricycle et qui tourne en rond, l'air tout étonné. Leur maison embaume la bonne cuisine. C'est décidé, je veux ABSOLUMENT devenir amie avec eux. Je l'ai marqué sur ma liste À FAIRE.

Presque en face de chez nous, il y a une maison qui fait peur. J'ai déjà entendu hurler à l'intérieur, alors qu'il n'est même pas encore l'heure de déjeuner. Le jardin est plein de crottes de chien. J'entends justement des aboiements.

Ce ne sont pas ceux d'un chien qu'on porte dans son sac à main.

À mon avis, même ces aboiements ne tiennent pas dans un sac... ou il faudrait que ce soit un sac vraiment énorme. Fermé avec des barres et des chaînes pour les empêcher de sortir et d'agresser sauvagement les gens.

**Reprise de la campagne d'exploration de la rue bout de fesses...**

Oh, cher journal, j'ai rencontré un indigène ! Je veux dire : un voisin.

J'étais tranquillement en train de faire du roller et de chantonner, tra la la, hyper fière de ma tenue : tutu écru, leggings rayés mauve et vermillon, et ma nouvelle veste bleu électrique que maman m'a achetée comme cadeau de départ. Franchement je crois que j'avais l'air super *Spectaculaire*.

C'est là qu'un fantôme a jailli de la benne. J'ai crié et perdu le contrôle des rollers, et – *vlan !* – je suis tombée pile sur lui. Tu vois quand les lapins sont pris par les phares d'une voiture et qu'ils

N'ARRIVENT PAS à s'enfuir assez vite ? Eh bien, c'était pareil.

*Paf,* je suis arrivée dans la benne et dans le fantôme, qui n'en était pas vraiment un, c'était bien un garçon – sauf qu'il avait l'air d'un fantôme. Il portait de grosses lunettes de soleil (pas comme une star de cinéma, juste comme quelqu'un qui porte des lunettes noires), il avait des cheveux roux très clairs, un visage pâle et brillant, de grandes oreilles blanches avec des écouteurs noirs plantés dedans, un survêtement blanc qui le rendait encore plus blafard et maigre, avec le pantalon rentré dans ses chaussettes, noires, et des baskets blanches. Finalement, j'avais l'impression de voir flotter devant moi ses grosses lunettes noires, ses écouteurs et ses maigres chevilles, tandis que tout le reste de sa personne disparaissait sur le fond de la benne blanche. J'ai cligné des yeux. Il a réapparu.

J'ai dit :

– Bonjour.

Là j'ai réalisé qu'il ne pouvait pas m'entendre à cause de ses écouteurs, et je lui ai fait un signe de la main. Puis j'ai pensé qu'avec ses lunettes de soleil il ne pouvait sans doute pas me voir non plus.

Cher journal, je ne savais pas comment entrer en contact. J'ai réfléchi à un plan : je pouvais trébucher et tomber avec grâce sur le fil qui venait de ses écouteurs pour qu'ils se décrochent. Mais j'ai pensé au même moment : *Et si c'était un Mauvais Élément, comme dit maman (il avait l'air vraiment bizarre) ? Et s'il m'attaquait ?*

Alors j'ai entamé une petite danse, pour combler ce silence gênant.

– Oh, euh, t'es, euh...

Il bégayait. Comme les fans en présence des gens célèbres. Ses genoux s'entrechoquaient. J'ai poussé un soupir. C'est tellement pénible d'être constamment reconnue. Enfin j'imagine... D'après ce qu'on m'a raconté.

– Oui, l'ai-je interrompu. Je suis Bathsheba Clarice de Trop. LA Bathsheba Clarice de Trop.

J'ai essayé une autre petite danse, parce que j'étais drôlement fière d'avoir réussi la première sans tomber du haut de mes rollers.

Il a fait un bruit de gargouillis.

– Tu es belle ! m'a-t-il dit. Moi poubelle, toi belle.

Puis il s'est couvert le visage des mains en marmonnant :

– Pardon ! Je m'appelle Nathan !

Je l'ai observé d'un air soupçonneux en me demandant s'il était dans son état normal.

Puis il a recommencé à parler, ce qui était à peine aimable à mon avis, parce que c'était mon tour, alors je me suis mise à parler plus fort que lui. À ce moment-là on a entendu un rugissement indéterminé, provenant de l'intérieur de la maison qui fait peur. Nathan a couché ses oreilles, si je peux dire, comme les poneys quand ils paniquent, et il a redisparu dans la benne à ordures.

J'ai toqué dessus plusieurs fois, mais il n'y a pas eu de réponse, alors je suis partie en patinant vers la maison. C'est là que je suis en ce moment, cher journal, et il est bientôt l'heure de se mettre à table.

Keisha et Bev, sa mère, viennent déjeuner.

Maman ne prépare *jamais* le déjeuner. Elle demande toujours à Natacha de nous Mitonner Rapidement un Petit Quelque Chose, une recette macrobiotique ou des œufs de caille, selon le régime du moment.

Bill a fait des sandwichs au fromage et aux tomates. Miam, miam ! Et il a emprunté à Bev plein de livres de recettes. Bev est vraiment gentille. Elle a aidé Bill à trouver cette maison. Elle est rondelette, souriante, et infirmière, ce qui peut être utile.

Le père de Keisha est mort. Mais, quand j'ai vu sa photo chez Keisha, j'ai deviné qu'il devait être vraiment gentil, lui aussi. Pauvre Keisha.

J'ai tellement de chance d'avoir encore un papa. J'espère que Bill pense aussi qu'il a de la chance d'avoir une fille !

**À table! Dernier déjeuner avant la rentrée. Demain je déjeune à la cantine!**

Le repas avec Keisha et Bev a été merveilleux. On s'est tous accoudés sur le piano comme au comptoir d'un bar, avec les sandwichs et du jus d'orange.

– Cette aire de jeux est une véritable honte, a raconté Bev. On s'est plaints à la mairie, qui ne veut rien faire.

Elle a montré derrière nous le terrain où Keisha et moi avons joué, hier. C'est vrai, c'est complètement rouillé et déglingué par endroits.

– Il faut peut-être réessayer, a répondu Bill. On pourrait se mettre à plusieurs pour leur écrire.

– Je pourrais faire la lettre ! a proposé Keisha. L'année dernière, on a étudié les pétitions au club Journal.

– Tu as assez à faire avec tes devoirs et toutes tes activités, jeune fille, a riposté Bev. (Même si elle est ronde et souriante, Bev peut aussi être très stricte. Une vraie Mère Inflexible, à cet instant précis.) Pas de distraction supplémentaire cette année. Tu ne comptes pas te réinscrire au stage du Dramarama, j'espère ?

Keisha a poussé un cri, et je n'ai pas pu m'empêcher d'intervenir :

– Oh, s'il vous plaît, Bev, s'il vous plaît, vous ne pouvez pas lui interdire le Dramarama !

– D'accord, du calme ! Je n'ai pas dit que tu *n'avais pas le droit* de t'inscrire ! (Bev a serré sa fille dans ses bras.) J'espère seulement que ça ne perturbera pas ton travail...

– Pas de problème, a promis Keisha.

Et j'ai répété :

– Pas de problème !

Keisha et moi on s'est regardées, soulagées, par-dessus le piano.

Berk, cher journal ! Je déteste quand les parents te rappellent brusquement qu'ils ont le pouvoir total de tout gâcher. (Mais Bev ne l'a pas fait exprès ! Elle est trop gentille.)

**Après le départ de Bev et de Keisha...**

Je regarde par la fenêtre et je pense à toutes les affaires que je possède.

C'est vrai, ça me paraît un peu bizarre d'avoir chez moi six consoles de jeu et trois télévisions, quatre-vingt-sept peluches, une gigantesque maison de poupée et des milliers d'autres choses, alors que dehors il y a un terrain de jeux déglingué. Je trouve la situation plutôt... déséquilibrée. Comme si ma maison était plus gourmande que toutes les autres. D'ailleurs, elle a essayé d'avaler un piano mais elle n'a pas réussi.

Un lit de princesse à baldaquin... C'est peut-être un peu bébé pour une fille de douze ans.

Oh ! on sonne à la porte !

Waouh ! Là, il s'est vraiment passé un truc bizarre... C'était encore le garçon fantôme. J'ai ouvert la porte et il a lancé très vite :

– Bonjour, je m'appelle Nathan.

J'ai répondu :

– Et alors ? Je veux dire : je sais.

Que se passe-t-il avec ce garçon ? On croirait que je ne peux pas parler correctement quand je suis devant lui. Et lui paraît incapable d'aller jusqu'au bout des choses.

Il a dit « Oh ! », l'air très déçu, et il a fait demi-tour pour partir. Puis il s'est retourné (en trébuchant presque sur ses lacets) et il a marmonné : « Tiens » en me flanquant un objet dans les mains. Je l'ai pris de façon quasi automatique, et j'ai continué de dévisager Nathan tout en pensant qu'il était vraiment bizarre. Je me demandais aussi si je n'avais pas été trop brutale et je me sentais mal à l'aise, ce qui fait qu'il s'est passé un long moment avant que je regarde ce qu'il m'avait donné, et, là, j'ai hurlé « Ahhh ! ». Parce que c'était une bombe, cher journal !

Je suis rentrée vite fait pour la montrer à Bill, mais je suis ressortie aussitôt : Et si ça explosait, si ça détruisait cette maison qui n'était même pas à nous ? Bill a couru derrière moi :

– Bath, pourquoi tous ces cris ?

– Une bombe, une bombe !

Je hurlais en la brandissant devant lui.

– Mais non, Bathsheba, m'a-t-il expliqué très calmement en me l'ôtant des mains, c'est juste un circuit imprimé. Ça fait marcher les appareils électroniques. Celui-ci vient sans doute d'un vieil ordinateur.

– Oh !

J'ai regardé la chose plus attentivement. Ça devait pourtant ressembler à ça, une bombe : avec tous ces fils qui dépassaient de façon menaçante.

On est rentrés dans la maison. Bill a regardé le circuit imprimé comme un papa, avec l'expression de quelqu'un qui comprend comment ça marche.

– Où as-tu trouvé ça ? m'a-t-il demandé.

– C'est Nathan, un garçon bizarre, qui me l'a donné.

J'ai levé les yeux. Nathan était justement à la fenêtre, le visage écrasé contre la vitre, avec ses lunettes de soleil, en plus !

– C'est lui, ai-je hurlé en attrapant le bras de Bill.

Le temps que Bill se retourne, Nathan avait filé, bien sûr.

Cher journal, je ne peux pas m'ôter de l'esprit l'image de ces lunettes noires qui surgissent brusquement et de ces chevilles maigres suspendues dans l'air. Flottantes et menaçantes. Surtout menaçantes.

On croirait un présage.

J'espère que ce n'est pas mauvais signe, pour mon premier jour d'école demain...

J'ai rangé le circuit imprimé sous mon lit.

**9 heures du soir, après *La chronique du Dramarama*. J'ai terminé mon livre. Je n'ai plus rien à faire, à part réfléchir.**

À cet instant précis, maman me manque vraiment. Elle a pleuré, au moment de partir. Je ne l'avais jamais vue pleurer avant. Enfin, presque jamais.

Elle m'a fait plein de recommandations : être Positive et Sociable, me constituer un Réseau de Relations pour me Bâtir un Profil (ou un truc comme ça, que j'ai renoncé à comprendre), et elle a fait promettre à Bill d'envoyer un mail absolument chaque soir, et à moi le plus souvent possible, puis elle a reniflé et elle s'est essuyé les yeux en s'écriant : « Mon Dieu, c'est vraiment l'heure ? Je vais rater mon avion. » Alors elle m'a serrée dans ses bras, elle est montée dans sa limousine et elle a disparu. J'étais sur le point de me mettre à pleurer moi aussi, quand le déménageur est arrivé. Il a dit: «Euh, on a un petit problème.» C'était le piano qui était coincé dans le couloir de l'entrée, alors je n'ai pas eu le temps de fondre en larmes.

Pff. Natacha me manque aussi.

Le dernier soir, je lui ai préparé un gâteau aux barres Mars avec six bougies, une pour chaque année où elle a travaillé pour nous. On a fait une petite fête dans la cuisine pendant que maman était sortie. Je voulais utiliser une bombe à serpentins, mais Natacha a refusé parce qu'elle était encore chargée du nettoyage.

Je lui ai demandé:

– Je vais te manquer, Natacha?

Elle m'a embrassée très fort avant de me répondre:

– Bien sûr, ma poulette. Je viendrai te voir aussi souvent que possible.

J'espère que les enfants de la rock star sont horribles. Pas au point de rendre Natacha malade, mais juste assez pour qu'elle ne se mette pas à les préférer !

**10 heures du soir. Heure de dormir.**

Bill a passé la tête par l'entrebâillement de la porte alors que j'étais dans mon lit. Je t'ai caché très vite, journal ! Je ne suis pas censée écrire mais me reposer bien tranquillement parce que demain j'ai école. (YES !)

– Bonne nuit, Bath ! On démarre une nouvelle vie, tous les deux ! Il y a une agence pour l'emploi tout près de ton collège, alors j'y passerai directement après t'avoir déposée. C'est bien, non ? Je vais trouver du travail, et cette fois je te promets de ne pas faire l'idiot.

– Moi non plus, je ne ferai pas l'idiote. Je vais être la meilleure en classe, et la meilleure au club Théâtre, pour pouvoir partir au camp d'été du Dramarama. Et je vais avoir des millions d'amis, et...

Il a ri :

– N'oublie pas de t'amuser aussi.

Mais je VAIS m'amuser, avec tout ça, cher journal ! Forcément.

## Premier jour

**Lundi. Le début du début.**

Cher journal,

Je suis sur le point de partir à l'école !

Oups, pardon, je t'ai éclaboussé avec mon lait, je ne l'ai pas fait exprès. C'est que je suis en train de prendre mon petit-déjeuner tout en écrivant.

Je suis réveillée depuis une ÉTERNITÉ.

Je me suis levée très tôt, j'ai ouvert les nouveaux rideaux de ma nouvelle chambre, j'ai regardé mon nouveau monde par ma nouvelle fenêtre, je me suis souvenue que je partais pour ma nouvelle école, et là je me suis sentie TELLEMENT surexcitée que j'ai eu du mal à m'empêcher de sauter sur le lit. J'ai sorti le plan de l'école que Keisha m'a fait, la semaine dernière (elle a collé des étiquettes pour m'indiquer les différentes salles), et j'ai repéré les toilettes, le laboratoire de SVT et la cantine. J'ai enfilé mon uniforme, je l'ai enlevé, je l'ai remis avec d'autres collants et les boutons arrangés différemment. J'ai préparé mon cartable (écru avec des étoiles rose vif), puis je l'ai vidé, j'ai collé les autocollants du Dramarama sur mes chaussures, et puis j'ai entendu Bill grogner dans l'autre chambre : « Bathsheba, recouche-toi, s'il te plaît, il est quatre heures du matin. » Alors j'ai obéi. Mais maintenant je suis de nouveau réveillée, j'ai l'estomac plein de cornflakes et je suis prête, cher journal. À moi l'ÉCOLE pour de vrai !

WAOUH !

J'ai l'impression d'avoir un ballon dans le ventre qui rebondit de joie à l'idée de sortir.

L'école va être géniale.

Je vais tout aimer, absolument tout.

Maintenant qu'il est correctement réveillé, Bill est vraiment de bonne humeur, lui aussi. Il sautille, ses yeux brillent... Il me rappelle les écureuils du parc, près de là où j'habitais avant. Il a commencé à danser dans la cuisine et à chanter sur Radio Vieux-Tubes. (Les écureuils ne dansent pas, je sais. Sauf si tu leur donnes trop de Tic-Tac.) Il m'a aussi fait mon nœud de cravate... tant mieux ! Moi, je crois que je n'y arriverai jamais, ça pendouille à chaque fois.

Oh, et devine quoi encore : ce matin dans la douche, j'ai retourné le canard en caoutchouc. Il y avait écrit : FABRIQUÉ PAR QUACKO PRODUCTION.

À partir de maintenant, mon nouveau mot pour « bizarre » sera QUACKO.

**Lundi soir. Ma première soirée de 5e! Je me sens tellement adulte!**

Cher journal,

Je rentre à l'instant de mon premier jour d'école ! Tu veux savoir comment c'était ? Les journaux intimes ne vont pas à l'école, après tout. (Ils devraient, pourtant. Ils y apprendraient comment garder les secrets. Ou comment déchiffrer les écritures brouillonnes.)

On a traversé le quartier, Bill et moi. Tout le monde dit que la première impression est la plus importante. Et moi, je voulais VRAIMENT faire bonne impression. Alors je me suis entraînée à faire des bonjours de star de cinéma. Tu sais, quand tu te présentes et que tes dents brillent.

Je murmurais tout en marchant : « Salut, je suis Bathsheba ! » et « Salut, je m'appelle Bath ! » et même « Moi, c'est de Trop. Bathsheba Clarice de Trop », quand brusquement je me suis aperçue que j'étais entourée d'enfants qui avaient tous à peu près mon âge, ou même un peu plus, et qui portaient le même uniforme que moi. Je ne sais pas d'où ils venaient, c'était une effervescence arrivée de nulle part ! Ils apparaissaient par cars entiers, bondissaient un peu partout, criaient, riaient, ils avaient l'air de tous se connaître – ça ne les gênait pas de se jeter les cartables à la figure, de s'envoyer des « Ta mère ! » et de se mettre leur portable sous le nez. Puis l'école a surgi au bout de la rue. C'était noir de MONDE.

Soudain j'ai regretté de ne pas être partie en Amérique. J'ai senti un *plouf* inquiétant dans mon ventre, comme si le ballon joyeux avait commencé à se dégonfler. Je crois que j'ai dû ralentir, parce que Bill s'est retourné vers moi :

– Qu'est-ce qu'il y a, Bath ? Tu ne te sens pas bien ?

Cher journal, j'ai eu très envie de crier : « NON ! Je suis gravement malade, emmène-moi vite chez le docteur. » Mais je savais que Keisha m'attendait devant les grilles, parce qu'elle me l'avait promis, et je ne pouvais pas la laisser tomber, alors j'ai répondu un « Si, si, je vais bien ! » qui est sorti un peu comme un couinement de souris. On était presque arrivés aux grilles, à ce moment-là, et je ne voyais Keisha nulle part. *Je vais devoir y aller toute seule ? Si je me perds et qu'on ne me retrouve jamais ? Et si je me fais piétiner, est-ce qu'on va me renvoyer dans une enveloppe ?* Chose qui semblait de plus en plus probable, avec tous ces garçons immenses qui sautaient du bus et nous dépassaient en nous bousculant.

Bill me regardait, très inquiet :

– Tu veux que j'entre avec toi ?

Je ne savais pas quoi répondre. Bien sûr, je ne voulais pas entrer avec mon papa et passer pour un bébé, mais je n'étais pas certaine d'y arriver seule, même si je me forçais. On ne m'avait pas prévenue que l'école était si GRANDE. (Enfin si, mais pas clairement. Le plan de Keisha n'était pas à l'échelle.)

Et, là, j'ai vu Keisha. Elle avait déboulé de je-ne-sais-où dans mon dos. Merci, mon Dieu !

– Salut, Bath ! Tu es là ! C'est trop génial ! Je n'arrive pas à y croire ! Suis-moi, je vais tout te montrer.

J'ai poussé un petit cri :

– Au revoir, papa.

Maintenant j'étais pressée. Mon premier jour d'école démarrait !

Keisha a attrapé mon bras et a franchi la grille avec moi. Il m'a fallu du temps avant de réaliser que j'avais appelé Bill « papa » pour la première fois.

À l'intérieur aussi, c'était le chaos complet, avec des garçons qui se cognaient aux murs, des filles qui se tripotaient les cheveux les unes les autres en criant, et quelques professeurs qui surfaient plus ou moins au sommet de la foule, un peu surpris d'avoir atterri là. L'un d'eux avait une crête bleue : ça, je ne m'y attendais pas du tout !

Keisha m'a montré les casiers, et elle a déposé ses affaires.

– Ne sois pas si nerveuse, Bath. Ne t'inquiète pas, ça va aller ! C'est toujours un peu fou, le jour de la rentrée. Salut, Alicia.

Keisha a fait un signe moyennement enthousiaste à une fille habillée super classe avec de jolies nattes, qui rangeait aussi ses livres. Un exemplaire du magazine *YAY !* dépassait de son sac.

– Salut, Keisha, a répondu Alicia, avec un sourire immense et parfaitement étudié.

Je l'ai regardée avec curiosité. Elle aussi m'a regardée. Ensuite, tout ce dont je me souviens, c'est qu'on a été emportées dans un long couloir, comme des feuilles dans un torrent d'uniformes verts. Je n'ai pas pu m'empêcher de paniquer.

– Tu crois que les gens vont m'aimer ? ai-je demandé à Keisha. Si jamais ils m'ignorent, ou s'ils se moquent ou...

– N'importe quoi ! Il n'y a pas de raison ! D'abord, tout le monde connaît les livres de ta mère. Tu vas les intriguer. Bientôt, tu auras plus d'amis que moi.

*Ça*, je ne pouvais pas le croire, parce que Keisha avait l'air de connaître toutes les filles qu'on croisait tandis qu'on avançait dans le couloir, et toutes paraissaient la connaître aussi, ce qui donnait des « Bonjour, Keisha ! », « Salut, Keisha ! Alors, tes vacances ? Génial, ton nouveau sac ! », « Oh, Keish, ça va ? », et ainsi de suite à chaque seconde, pendant qu'on s'enfonçait de plus en plus EN PLUS profondément dans cette espèce de bâtiment-labyrinthe où de nouveaux couloirs poussaient partout comme des champignons (tous peints dans une nuance de vert affreuse). J'ai continué de m'accrocher très fort au bras de Keisha. Je me demandais ce qui arriverait si je me perdais : est-ce que quelqu'un me retrouverait un jour ou est-ce que je devrais errer le long de ces dégoûtants couloirs verts jusqu'à ce que je sois trop vieille pour l'école et qu'on me ramasse, puis qu'on me pousse dehors avec tous les terminales devenus adultes ? Mais au moment où je pensais à ça, Keisha a ouvert une porte qui ressemblait exactement à toutes les autres en criant :

– C'est là !

– Keisha !

C'est simple, toutes les filles ont crié en chœur. J'ai cru que j'avalais une violente bouffée d'uniformes, d'odeur de vernis à ongles et de shampoing, et elles ont sauté sur nous, comme font les chiens, parfois, quand ils ne t'ont pas vu depuis tellement longtemps qu'ils ont oublié à quel point ils t'aiment. Tout le monde a enlacé Keisha, et dans la confusion je me suis fait enlacer aussi. Les garçons traînaient plutôt près des fenêtres, avec des airs de durs qui s'ennuient, mais je voyais bien qu'ils nous jetaient tous de petits regards furtifs.

Oui, cher journal, il y a des GARÇONS dans ma classe ! Évidemment, je savais qu'il y en aurait.

Mais je l'avais presque oublié. De quoi peut-on parler, avec les garçons ? Je n'en connais aucun. J'ignore tout du foot, moi !

– Salut, tout le monde, a entonné Keisha, salulucie-saluanna-saluhannah-salubrita-salujulie-louise-saluchanelle-saluvictoria ! (Ça ressemblait un peu à ça.) Je vous présente Bathsheba ! (Elle m'a poussée en avant.) Elle est nouvelle !

Certains garçons m'ont fait un petit signe, mais la plupart m'ont ignorée, et les filles ont reculé un peu en me regardant de la tête aux pieds.

– Bonjour.

Un bonjour poli.

J'ai tenté de baragouiner quelque chose. Heureusement, Keisha m'a interrompue :

– Oh, Bath, lâche mon bras, tu me pinces !

Tout le monde a ri, plutôt gentiment, et j'ai ri aussi, puis j'ai lâché Keisha. Et là, la fille qui s'appelle Alicia s'est frayé un chemin à travers le groupe. Elle m'a carrément DÉVISAGÉE pendant de longues secondes, avant de me bombarder de questions.

– Tu es Bathsheba Clarice de Trop ? LA Bathsheba Clarice de Trop ? Celle des livres ? Quand j'ai entendu dire que tu venais ici, j'ai pensé que c'était faux...

Elle m'a soupesée du regard et j'ai éprouvé une douleur atroce quand elle a ajouté :

– Tu n'es pas exactement comme dans les livres.

J'ai ouvert la bouche pour expliquer, mais à ce moment précis, tout près de moi, un bruit épouvantable a retenti, à mi-chemin entre l'alarme à incendie et le cri d'un guerrier zombie extraterrestre. Tout le monde s'est mis à crier et à courir partout, Alicia s'est plaqué les mains sur les oreilles, et moi, je suis restée plantée là à me demander si je devenais folle. Le bruit a continué encore et encore, puis il s'est arrêté, et, là, j'ai pris une grande bouffée d'air car j'en avais oublié de respirer. Enfin, j'ai demandé à Keisha :

– C’était quoi, ÇA ?

Elle a souri :

– Ça ? C’était la sonnerie ! Tu vas t’y habituer.

Cher journal, la sonnerie se déclenche à tout bout de champ. Elle démarre, elle s’arrête et elle recommence. J’ai le cerveau en compote. En fait, l’école est comme un jeu télévisé : dès que la cloche sonne, tu dois CESSER TOUT CE QUE TU ES EN TRAIN DE FAIRE ET TE METTRE À COURIR EN HURLANT. Je crois que l’idée est d’arriver dans la classe du cours suivant avant la fin de la sonnerie, mais personne ne réussit, et je ne sais pas ce qu’on gagne quand on y parvient... peut-être un devoir maison, ce qui ne vaut pas le coup.

J’ai rencontré quelques-uns des professeurs, qui sont tous un peu *quacko* comme M. Baxter-Bix, mais Keisha dit que c’est normal : c’est à ça qu’on reconnaît qu'ils sont profs. Mlle Kinsey, le professeur d'anglais, est très *quacko* ! Je n'ai eu qu'un cours avec elle, mais je suis sûre qu'elle peut être très sévère, si elle veut. Elle a des cheveux gris impeccables, des lunettes grises impeccables, et c'est la seule enseignante de l'école qui porte un tailleur. En tweed gris.

Mlle Kinsey est également responsable du club Journal. Si elle n'aime pas mon article « Être Bathsheba », il ne sera pas publié !

Oh, j'espère qu'elle va l'aimer ! J'ai travaillé tellement dur !

Aujourd'hui, on a eu aussi français, SVT et maths. Ça m'a fait tout drôle, cette classe noire de monde, à moi qui n'ai eu que des cours à domicile, en tête à tête avec le professeur. Avant, je pouvais poser des questions autant de fois que je le voulais, mais là il se passe tellement de trucs que le professeur ne remarque pas toujours quand je ne comprends pas. Je me suis sentie un peu noyée ! Heureusement, Keisha était là pour me chuchoter des explications.

C'était trop bien, les SVT ! Exactement comme dans les livres de maman. Avec Mlle Kipper, mon professeur particulier, on faisait parfois des expériences dans la cuisine, mais là il y a une pièce spéciale SVT, avec des tabourets spéciaux SVT et surtout une odeur spéciale ! On est même obligé de porter une blouse blanche, comme les experts !

Les maths étaient loin d'être aussi géniales. Je n'ai jamais été forte en maths et, malheureusement, je ne crois pas que ça va changer, même dans une vraie école. Le professeur s'appelle Mlle Notman. Elle n'est pas désagréable – non, elle paraît gentille –, mais elle dit des choses comme : « Si $a = b$, alors à quoi est égal $y$ ? » Qu'est-ce qu'on peut répondre à ça, cher journal ?

Le soir à la sortie, Bill m'attendait :

– Alors, c'était comment ?

J'ai répondu d'un air détaché :

– Comment *quoi* ?

Il a ri :

– Eh bien, l'école, pardi !

Alors je lui ai fait un ÉNORME sourire, et j'ai sautillé dans tous les sens en criant :

– C'était carrément SPECTACULAIRE, papa !

Mais...

Oh ! Bill m'appelle d'en bas. Maman est au téléphone ! Cher journal, je t'expliquerai le MAIS plus tard.

**une demi-heure plus tard**

Oh, mon cher journal, maman s'est vraiment fâchée quand elle a appris pour le piano. Elle n'arrêtait pas de répéter : « C'est un Bechstein ! » J'ai demandé :

– *Quoi*, maman ? *Quoi ?* (*Quoi* est mon premier mot de français... je l'ai appris à l'école tout à l'heure. Ça fait un peu canard, c'est pour ça que je m'en souviens.)

– Un Bechstein ! Ça coûte très cher !

– Un *quoi*, maman ?

– Un Bechstein !

– *Quoi ? Quoi ?* Coin ?

– Bathsheba, arrête de faire l'idiote et passe-moi Bill immédiatement.

Ensuite, je n'ai plus entendu que ses cris assourdis à l'autre bout de la ligne, et Bill qui répondait : « Non... Non... Oui... Non, mais... Oui », et j'ai pensé que ça devait ressembler à ça quand ils vivaient ensemble. Pas étonnant qu'ils se soient séparés. Puis j'ai commencé à me sentir mal à l'idée que maman était si loin, à l'autre bout de cette longue, longue, longue ligne de téléphone. Alors j'ai voulu courir et arracher l'appareil des mains de Bill pour crier : « Maman, je t'aime ! », mais il était trop tard, parce que Bill avait raccroché.

Je ne lui ai presque rien raconté sur l'école.

Elle m'a beaucoup parlé de Hollywood, en revanche. Ça a l'air fantastique ! Pourtant je suis contente d'être ici... avec ma meilleure amie, ma nouvelle école, et mon papa.

**Plus tard**

Bon, cher journal. J'en étais au MAIS...

L'école était SPECTACULAIRE.

C'est ce que j'ai dit à Bill. Et c'est vrai. Mais il y a une autre vérité. Moins agréable.

L'école est TERRIFIANTE.

Ça, je ne peux pas le raconter à Bill, parce qu'il va s'inquiéter. Et, si j'en parle à Keisha, ce sera comme si je n'avais pas vu qu'elle était une si merveilleuse amie qui s'est occupée de moi toute la journée. Alors qu'elle a été brillantissime !

Pourtant, journal, malgré Keisha, je me suis sentie constamment perdue et terrifiée. Je ne connaissais absolument rien ni personne, tout était archi-totalement nouveau. Je ne comprenais RIEN.

Pourquoi n'a-t-on pas le droit de courir dans les couloirs ?

Pourquoi doit-on tous porter les mêmes chaussures ?

Pourquoi les élèves les plus grands se permettent-ils de nous bousculer ?

Pourquoi faut-il porter les chemises glissées dans les ceintures ?

Et il y a tellement de monde ! Je n'avais jamais vu une foule pareille. Enfin si, aux signatures des livres de maman, mais pas dans un lieu où je dois DEVENIR AMIE avec tout le monde ! Je n'y arriverai JAMAIS. Ils se connaissent depuis qu'ils ont trois ans. Tous. Sauf moi.

Et puis il y a les garçons. C'est la première fois que j'en rencontre en vrai et je les trouve *quacko*.

Ils courent partout comme des fous. Qu'est-ce qu'on peut faire avec eux ? Qu'est-ce qu'ils aiment ? D'accord, il y en a un qui est mignon : il s'appelle Rafiq. Il est grand, il joue au basket, et toutes les filles s'extasient à n'en plus finir quand il bondit comme un poney sur le terrain de basket, la crinière au vent... Je veux dire : ses cheveux bruns, couleur chocolat.

... Oui... Bill est un garçon. Il n'est pas aussi *quacko* que ceux de l'école, mais il fait tout de même des choses étranges comme laisser traîner ses chaussettes sur le réfrigérateur. Et il crie devant la télévision quand il y a un match de foot, même si je ne vois aucune raison de crier pour ces tas de petits bonshommes en maillots de couleur qui courent sur la pelouse. Il est tellement différent de maman ! Maman, elle, ne crie jamais devant la télévision. D'ailleurs elle ne regarde pas la télévision. Elle n'en a pas le temps.

Oh, j'arriverai sûrement un jour à comprendre les garçons, mais pour le moment je me concentre sur le moyen de m'en sortir à l'école. J'ai l'impression de monter un cheval de rodéo ! Quand je crois pouvoir contrôler la situation, tout bascule. Il faudrait garder trois positions à la fois pour rester en selle ! Je ne me suis pas sentie au top, aujourd'hui. J'ai plutôt subi, en fait. Et ce n'est pas du tout mon genre. L'école est vraiment *Spectaculaire*. Le problème est qu'elle est plus *Spectaculaire* que moi ! D'accord, demain, je reprends les rênes et je fais mieux !

## Deuxième jour

**Mardi. Mes débuts au club Journal.**

Aujourd'hui, j'en ai appris davantage sur les gens de ma classe. La plupart ont l'air gentil. Mais il n'y a qu'une fille vraiment SUPER populaire. Tu devines qui ? Non, pas Keisha... quoique, évidemment, tout le monde l'aime aussi ! C'est Alicia, que j'ai vue hier. La fille au magazine *YAY !*

Je suis un peu intimidée par Alicia, cher journal, parce qu'elle est comme la Bathsheba des livres, mais en vrai. Elle est très intelligente et elle est forte en tout (même en maths !). Elle s'est confectionné un uniforme cool et original en le personnalisant avec des feutres (sur les parties blanches des revers) et du vernis à ongles (sur les boutons). Je crois que je vais faire pareil !

Elle est plutôt distante, pas copine avec tout le monde. Ses deux amies attitrées sont Chanelle et Davina. Les deux filles les plus jolies de la classe. Elles ont les cheveux et le vernis assortis. Alicia n'est pas aussi belle qu'elles, mais elle a un regard très perçant. Un regard pince à épiler, qui attrape tout.

– Tout le monde nous appelle « les anges d'Alicia ! », m'a confié Chanelle.

Et Davina m'a expliqué que l'ange était leur symbole de reconnaissance, parce que le second prénom d'Alicia est Angelica. Elles ont des anges dessinés sur leurs cahiers, sur les mains, partout. En 5e, personne d'autre n'a le droit de porter un vêtement avec un ange, ou même de dessiner des anges sur ses cahiers. Des sirènes avec des ailes, ça va, des papillons aussi, mais pas d'anges. Les anges sont réservés à Alicia, Chanelle et Davina.

Oh, ceux de ma classe ont découvert aussi quelque chose sur *moi*, cet après-midi ! Tout le monde voulait savoir pourquoi j'avais quitté Saint-Barnabé. Alicia m'a regardée très bizarrement, quand j'ai dit que Saint-Barnabé n'existait pas.

– Alors, tu es célèbre ? m'a-t-elle demandé.

– Euh, oui. Enfin, non. Je veux dire : c'est maman.

– Mais tu as quand même une maison immense ? a lancé Davina. Ou c'est encore un mensonge comme Saint-Barnabé ?

– Saint-Barnabé n'est pas un mensonge, ai-je répondu, un peu agacée parce que maman n'est pas une menteuse. Il s'agit d'une histoire. C'est différent. Fifi, Aurélie et Brad sont inventés. Et je n'ai jamais réellement vécu des aventures comme celles que maman a écrites.

– Alors qu'est-ce qui est vrai ? a demandé Alicia.

– Eh bien, moi !

– C'est ça, ouais. Mais quoi d'autre ? C'est vrai que tu as une piscine avec ton logo au fond ? Et sept grands dressings dans lesquels tu peux tenir debout ? Ou tout ça, c'est aussi des inventions ?

– Non ! J'ai vraiment une maison immense. Avec la piscine et tout. Vous pourrez la voir (j'avais un peu l'impression qu'il fallait que je défende ma vie), quand maman reviendra d'Amérique.

– Oh, je te crois ! a répondu Alicia, et c'était drôle parce qu'on avait plutôt l'impression du contraire. Bathsheba, j'ai toujours eu envie d'être amie avec une vraie célébrité ! Bienvenue à Clotborough !

*Tout le monde* nous observait ! Je suis tellement *folle de joie*, cher journal. À peine deux jours d'école, et je suis déjà acceptée dans le groupe des Populaires !

Mais Keisha n'avait pas l'air très contente.

– On va être en retard au club Journal, a-t-elle dit en m'entraînant.

Alicia nous a suivies.

Le club Journal a lieu dans la salle informatique. Qui est remplie... eh oui... d'ordinateurs ! En fait, il y a eu un « OOOHHH » général quand on est entrées, parce que les ordinateurs sont tous flambant neufs et super plats – on se serait cru dans la Tour de Contrôle de l'Espace. Avec ces écrans qui clignent vaguement des yeux et qui murmurent, comme s'ils parlaient de toi en code derrière ton dos, et qui se mettent soudain à vrombir ensemble, en se moquant de toi parce que tu n'es pas un ordinateur.

En plus, juste avant d'entrer dans la salle informatique, j'ai rencontré la fille la plus effrayante de l'école ! On arrivait à la porte quand on a entendu hurler à l'intérieur.

– Hou là ! C'est qui ? ai-je demandé à Keisha.

– Ça, c'est Hannah Lumb, une troisième. Elle crie tout le temps. Attention !

Une chance que Keisha m'ait poussée, cher journal, parce qu'une grosse fille a chargé hors de la classe, tel un rhinocéros en colère, et elle a bien failli me piétiner !

Mlle Kinsey est sortie derrière elle, furieuse :

– Vraiment, Hannah, votre agressivité est parfaitement inconvenante ! (Ce qui signifie, je crois : « Du calme ! »)

Ça n'a pas marché. Hannah a poussé un rugissement et elle a donné un coup de poing dans le mur, si fort qu'elle y a fait un trou. Puis elle a filé comme une furie.

– Si ça avait été la tête de quelqu'un ! a soufflé Alicia. C'est *fouuuu* ce qu'elle est violente. D'ailleurs il paraît que dans sa famille...

– Entrez, mesdemoiselles, a coupé Mlle Kinsey. Quant à vous, Alicia, vous voudrez bien cesser vos commérages !

Après on n'a plus eu le temps de bavarder, parce que c'était l'heure du club Journal !

Mlle Kinsey n'est pas ravie de ces nouveaux ordinateurs. Elle sursaute dès qu'ils se mettent en route. Et Keisha doit lui montrer le fonctionnement de certains programmes.

– Voyons, a commencé Mlle Kinsey quand nous avons tous été installés (nous ne sommes que dix, alors c'est encore plus compliqué de choisir sa place parce qu'il y a trop de possibilités !). Cette année, nous bénéficions de ces nouveaux ordinateurs extrêmement coûteux, grâce auxquels nous devons mettre en ligne *La Gazette de Clotborough*, la lancer vaillamment sur la grande autoroute de l'information et nous faire les bâtisseurs d'un futur résolument moderne. Cependant, je suis heureuse de vous annoncer que nous avons un délai pour nous exécuter. Le prochain numéro sera imprimé sur papier, comme d'habitude.

– On peut *quand même* utiliser les nouveaux ordinateurs ? a voulu savoir un garçon, enthousiaste.

– Oh, j'imagine que oui. Si vous y arrivez.

On a tous crié :

– Génial !

(Et ça l'est *vraiment !* Avec ces ordinateurs, c'est super facile de faire un journal de professionnels. Tu peux insérer des photos, des dessins, des graphiques... Tu peux créer tous les titres avec des couleurs différentes, comme le mauve, le jaune citron, le bleu électrique.)

– J'aimerais être rédactrice en chef, ce trimestre ! a déclaré Alicia. J'ai des tas de bonnes idées !

– Nous avons décidé en juin que Keisha serait encore rédactrice en chef. Vous le savez. Le prochain vote aura lieu au printemps.

– Mais je voudrais voter maintenant, a repris Alicia en grimaçant.

– La démocratie ne marche pas de cette façon, a répondu sévèrement Mlle Kinsey.

Donc Keisha est toujours rédactrice : hourra ! Et encore hourra : mon article « Être Bathsheba » va paraître ! Même si je ne suis pas sûre que Mlle Kinsey l'aime vraiment. Elle m'a expliqué :

– Votre écriture a de l'énergie, Bathsheba, mais votre article est un peu... presse *people*, vous comprenez ?

J'allais m'effondrer de chagrin quand Keisha a sauvé la situation. Elle a dit :

– Oh ! Mademoiselle Kinsey, l'arrivée de Bath dans notre école, c'est vraiment DE L'INFO ! Pensez à tous les nouveaux lecteurs qui vont lire *La Gazette*, juste parce qu'ils auront vu Bathsheba Clarice de Trop en première page !

En première page ! Je n'aurais jamais imaginé ça. Keisha est brillante.

Mlle Kinsey a hoché la tête.

– Il est vrai que le nombre de lecteurs diminue, a-t-elle repris. Et j'admets que l'article de Bathsheba est plus intéressant que notre seconde option : les travaux de la cantine...

Alors merci, Keisha ! « Être Bathsheba » n'est pas seulement accepté, il va paraître en première page du prochain numéro de *La Gazette de Clotborough* !

## Troisième jour

**Mercredi. Le grand jour du changement de look !**

Eh bien, cher journal,

Comment trouves-tu mon nouvel uniforme ?

J'ai colorié les bandes jaunes de ma cravate avec un feutre doré. Et je crois qu'on a le droit de porter un collier tout simple, alors j'ai mis la chaîne en corail rouge que maman m'a offerte quand on est allées aux Bermudes. Maman ne m'achète pas souvent de cadeaux elle-même... Elle n'a jamais le temps. C'était toujours à Natacha de me rapporter des vêtements, des jeux, et même de rappeler à maman le jour de mon anniversaire. Je n'en fais pas une maladie, tu sais, car pour être honnête, maman oublie même Noël, sauf si elle l'écrit dans son Blackberry.

Mais moi, je ne t'ai pas oublié, cher journal !

Je t'ai fabriqué un marque-page en papier, en forme de cravate de l'école (avec les mêmes bandes au feutre doré). Comme ça, personne ne pourra te jeter dehors parce que tu n'es pas en uniforme !

**Après l'école, mais avant le dîner.**

Le garçon aux chaussettes qui flottent est dans ma classe ! Il a fait sa rentrée aujourd'hui seulement. Nathan Hunderchunk est très *quacko* ! Voilà ce que m'a raconté Alicia pendant la récréation :

– Les Hunderchunk sont tous fous. C'est de famille. Son frère aîné, Jason, a même été renvoyé du collège, il y a quelques années !

– Non !

J'étais vraiment choquée.

– Si ! Jason était encore pire que Hannah Lumb. Ma cousine – elle est en fac maintenant – était dans la même classe que lui. D'après elle, il a essayé d'incendier le gymnase !

J'ai senti que ma bouche prenait la forme d'un gros O. J'espère ne jamais rencontrer Jason Hunderchunk !

Je ne sais pas pourquoi Nathan n'est pas venu plus tôt en classe. Alicia dit qu'il manque parfois les cours, mais qu'il finit toujours par réapparaître. Il ne répond jamais à aucune question, sauf en technologie, où il devient enragé sur son ordinateur, si bien qu'à la fin de l'heure, il est capable d'avoir inventé un nouveau jeu informatique. Il a l'air encore plus *quacko* avec l'uniforme de l'école ; il s'est fait couper les cheveux très court depuis la dernière fois que je l'ai vu, alors, maintenant, sa tête flotte au sommet de son uniforme comme un fantôme d'oignon vinaigré.

Et devine quoi d'autre ?

Quand j'ai ouvert mon bureau à la fin du cours de maths... IL Y AVAIT UN AUTRE CIRCUIT IMPRIMÉ À L'INTÉRIEUR !

Je l'ai porté aux Objets trouvés. Le professeur de service m'a regardée bizarrement, mais elle l'a pris sans faire de commentaire.

**Après avoir battu Bill trois fois au Pictionary (je ne crois pas qu'il fasse beaucoup d'efforts)**

Je ne sais pas quoi penser de Nathan Hunderchunk.

Il n'a pas l'air d'avoir d'amis. C'est triste. Et je suis désolée pour lui. Mais, d'un autre côté, si son frère est fou à ce point, est-ce qu'il n'est pas pareil ? C'est tellement évident qu'il est *quacko*, avec tous ses circuits imprimés ! J'ai un peu peur de lui.

Et il y a autre chose, qui va peut-être me faire passer pour une égoïste... mais je peux te le dire, cher Journal, parce que tu es mon ami et que tu ne vas pas me juger. (D'ailleurs, tu n'es qu'un cahier.)

Voilà : si je me mettais à être gentille avec Nathan Hunderchunk, alors tout le monde finirait par penser que je suis *quacko*, moi aussi. Pas Keisha ! Mais les autres. Ceux qui ne me connaissent pas bien.

J'ai vraiment peur que les élèves de ma classe ne m'aiment pas. Après tout, ils ont tous eu plusieurs années pour s'habituer les uns aux autres et devenir amis, avant que j'arrive.

Je ne veux pas rester jusqu'en 3e avec des gens qui pensent que je suis *quacko*, juste parce que j'ai été gentille avec Nathan Hunderchunk, que je ne connais même pas.

Donc je crois que je vais me tenir éloignée de lui, autant que possible.

## Quatrième jour

**Jeudi. Aujourd'hui, j'ai eu maths (berk), français (*quoi-quoi*). Et après les cours, club Théââââtre!!!**

Rentrée du club Théâtre, aujourd'hui ! Oh, journal, ça m'a vraiment bouleversée de me retrouver là, exactement sur la même scène où j'ai vu Keisha pour la première fois, quand elle jouait *La Petite Princesse* !

Keisha et moi sommes arrivées en avance, et nos pas résonnaient d'une façon impressionnante quand nous nous sommes approchées de l'estrade. J'imaginais la salle PLEINE de monde, tous venus pour nous voir jouer, Keisha et moi...

– Je vais te montrer comment entrer en scène, s'est exclamée Keisha. Tu vois cette porte ? Eh bien, elle communique avec les coulisses...

Mais, juste à ce moment-là, la porte s'est ouverte et M. Trucillo, le professeur de théâtre, est arrivé. Et devine quoi ? C'est le prof à la crête bleue !

Il nous a souri.

– On verra ça plus tard, les filles !

Puis il m’a regardée.

– C’est toi, la nouvelle ?

J’ai hoché la tête et j’ai ajouté très vite :

– Oui, mais j’ai déjà beaucoup joué... Enfin, je veux dire, dans ma chambre...

– Parfait. Je suis sûr que tu vas aimer le club Théâtre. Nous sommes entre amis, ici, et nous allons faire en sorte que tu ne te sentes pas trop intimidée sur scène.

Sur scène !

Oh, cher journal, j’ai explosé de joie ! Mes premiers pas sur la route du Vedettariat !

J’ai pourtant été discrètement empêchée de tenir la vedette par Alicia. Elle Marchait d’un Air Aguichant à travers la salle, en expliquant très fort à ses Anges à quel point elle était impatiente de jouer dans la pièce.

La Marche Aguichante est une allure très Star de Cinéma – tu lances le menton en avant, tu balances les hanches comme une folle et tu claques les portes sans regarder s'il y a quelqu'un derrière toi. C'est particulièrement réussi si tu arrives à rejeter les cheveux en arrière en même temps. J'étais un peu jalouse de ne pas avoir pensé au Marcher-Aguicher moi-même, mais j'étais trop occupée à Trotter. Le trot est parfait pour l'école, parce qu'il te fait paraître confiant et énergique, comme aiment les profs. En plus, il te permet de dépasser très vite Hannah Lumb. Le trot ressemble à ce jeu « on dirait que je suis sur un cheval » auquel on jouait quand on avait cinq ans, mais sans les rênes.

Nathan aussi est au club Théâtre ! Il s'occupe des éclairages, ce qui signifie qu'il a beaucoup de pouvoir. Il peut répandre la gloire sur toi comme il peut te plonger dans les ténèbres. Ça veut dire aussi qu'il n'a pas besoin de parler ni d'être sur scène, ce qu'il a l'air d'apprécier. J'étais très surprise de le trouver là, après ce qu'avait dit Alicia. Faire partie du club Théâtre n'est pas du tout *quacko*. Nathan met peut-être en veilleuse sa *quackitude*... Je veux dire : s'il est vraiment *quacko*, il essaie peut-être de le cacher.

M. Trucillo est très gentil. Il t'explique bien ce que tu as à faire (pas comme certains profs !), et te met en confiance. Il se comporte comme s'il nous appréciait (là encore, ce n'est pas comme certains profs !).

Il est aussi extraordinairement souple. Je l'ai découvert pendant les exercices d'échauffement. Keisha m'a appris qu'il avait été danseur : c'est pour ça. La seule partie qui n'est pas souple chez lui, c'est sa crête bleue. (Je me demande s'il la garde pour dormir.)

Après l'échauffement nous avons fait un peu d'improvisation, puis nous avons parlé de la pièce que nous allons jouer cette année. C'est une comédie... *yes* ! Elle a un nom grec, *Pygmalion*, quoique je me demande bien pourquoi, vu que l'action se passe à Londres. C'est l'histoire d'une fille pauvre, une marchande de fleurs, qui s'appelle Eliza et qui est changée en princesse, d'après ce que j'ai compris. MAIS le plus important est que nous avons parlé de *l'inscription au camp du Dramarama* !

Il faut l'envoyer par mail, et nous avons un mois pour la préparer. Nous devons constituer un dossier avec plein de photos et de vidéos de nous en train de jouer, avec des articles que nous allons écrire sur le théâtre, une lettre de motivation, qui expliquera pourquoi nous voulons faire le stage, et, pour finir, l'avis confidentiel que M. Trucillo rédigera sur nous, où il dira pourquoi il faut nous prendre.

– Ceux qui veulent se présenter cette année, levez la main, a demandé M. Trucillo.

J'ai levé la main très haut, Keisha aussi, et encore neuf autres personnes, dont Alicia. Nathan, lui, n'a pas bougé.

– Cette année, a repris M. Trucillo, les inscriptions se font en ligne ! Heureusement, nous sommes équipés de nouveaux ordinateurs ultra sophistiqués – ceux d'entre vous qui font partie du club Journal ou qui ont déjà eu cours d'informatique les ont probablement utilisés. Nathan a offert de vous filmer pendant que vous jouerez, avec l'appareil numérique de l'école, et ces vidéos pourront être incluses dans vos dossiers de candidature. Merci pour ton aide, Nathan ! Des questions ?

– On peut garder la même lettre que l'an dernier ? a demandé une des filles.

– Est-ce que c'est grave, si je n'ai pas joué dans la pièce l'année dernière ? a ajouté un garçon. Je m'occupais des décors. Ça compte aussi ?

Puis ils se sont tous mis à parler. Surtout Alicia. Cher journal, ils savent tous parfaitement ce qu'ils ont à faire, on croirait qu'ils passent leur vie à regarder *La Chronique du Dramarama* ! Avec la pièce qu'ils ont jouée l'an passé, ils ont déjà plein de films et de photos d'eux. Qui sont sûrement très bien, en plus. Moi, je n'ai rien du tout !

Mon autre sujet d'angoisse est qu'il faut avoir l'accent cockney[1], dans cette pièce. Je ne sais pas comment faire. On croirait de l'athlétisme pour la bouche !

M. Trucillo a vu que j'avais l'air vraiment inquiète. Il s'est penché vers moi pour me rassurer :

– Le nombre de pièces dans lesquelles tu as joué ne fait pas tout, Bathsheba. Le dossier dépend aussi beaucoup de ta lettre de motivation.

Puis il m'a souri avec gentillesse et il a ajouté :

– Après tout, si tu n'es pas sélectionnée cette année, il y aura d'autres occasions.

---

1. Accent populaire de Londres, des quartiers pauvres de l'est de la ville. Même si les accents tendent à disparaître aujourd'hui, on peut comparer l'accent cockney à l'accent « de Belleville » ou « de Ménilmontant » pour Paris, tel qu'on l'entend dans les vieux films.

Il est tellement attentionné que j'ai essayé de lui rendre son sourire.

Mais, cher journal, c'est CETTE ANNÉE que je veux y aller ! Vraiment !

L'année prochaine, ce sera trop tard ! Tout peut arriver, d'ici là. Ça dépasse mon imagination, l'année prochaine ! La preuve : je serai en 4e !

Bref, j'ai compris que ce n'était pas le moment de broyer du noir, alors j'ai essayé de Penser Positif et de faire de mon mieux au club Théâtre, malgré tout : parce que, même si je n'allais pas au camp du Dramarama cet été, je pourrais toujours être une actrice célèbre, plus tard dans ma vie. Voilà ce que j'ai pensé.

Et enfin – ENFIN – M. Trucillo a suggéré :

– Si on montrait à Bathsheba quelques-unes des techniques de jeu que nous avons apprises ? Allez hop, Bathsheba, monte sur la scène !

– Oh !

Je n'étais encore jamais montée sur une vraie scène, cher journal. (Mon lit, ça ne compte pas.)

J'ai escaladé très prudemment les marches, en essayant de ressembler le plus possible à une Star de Cinéma. J'ai essayé de bruire soyeux, comme si je ne portais pas mon uniforme d'école, mais une éblouissante robe de gala.

J'ai marché droit vers le centre, je me suis retournée, et j'ai regardé mon public.

Cher journal, quand on est sur scène, on éprouve un sentiment de solitude terrible. Je n'aurais jamais imaginé une telle distance.

Je voyais les autres, assis par terre ou sur des chaises, avec M. Trucillo et sa crête bleue au milieu. Je les ai regardés un par un. Ils m'observaient tous. Comme s'ils attendaient que... je joue.

Chanelle a eu un petit rire bête. J'ai dégluti. Brusquement, la salle m'a paru très grande, et je me suis trouvée très petite. J'ai senti mes genoux qui commençaient à douter d'eux-mêmes.

J'ai couiné :

– Être ou ne pas être.

C'est le genre de choses que disent les acteurs.

Tout le monde a éclaté de rire, cher journal ! Je me suis mise à avoir chaud, puis froid. J'ai essayé de sourire. Est-ce qu'ils se moquaient de moi ? Est-ce que c'était méchant ? Keisha souriait aussi, mais j'étais tellement paniquée que je ne l'ai pas vue.

– Contente-toi de rester là un petit moment, Bathsheba, a dit M. Trucillo. Prends conscience de l'espace autour de toi.

J'ai essayé de m'empêcher de fuir vers les coulisses, si attirantes avec leurs ombres. J'ai pris une profonde inspiration et j'ai pensé : « Je suis Bathsheba Clarice de Trop ! Je suis FANTASTIQUE. »

Ça a presque marché.

– Quelqu'un sait ce que peut faire Bathsheba pour se sentir mieux là-haut ?

La main de Keisha s'est dressée.

– Oui, Keisha ?

– Compte les carreaux, Bath, a déclaré Keisha.

– Quoi ?

– Compte les carreaux, par terre, c'est tout.

J'ai évité de penser à l'ÉNORMITÉ de la salle et à ma solitude. Et je me suis mise à compter les carreaux. Il y en a BEAUCOUP, cher journal. Sans bouger de ma place, c'était vraiment dur. J'ai complètement oublié que j'étais sur scène.

– Trente et un, trente-deux, trente-trois...

J'ai été surprise quand tout le monde s'est mis à applaudir en riant. J'ai levé les yeux et j'ai répondu par un sourire, soudain complètement à mon aise.

– Tu vois, Bath, m'a expliqué M. Trucillo, c'est un petit exercice que nous faisons avec les nouveaux, pour leur montrer que la peur de la scène se surmonte facilement. On peut redouter d'affronter un public du haut d'une estrade, mais en réalité, dès qu'on a autre chose à faire, comme compter des carreaux ou réciter un texte... on réalise que ce n'est pas si terrible, finalement. Bravo ! Tu peux descendre, maintenant.

Pff, la peur de la scène, cher journal – n'importe quoi ! J'étais juste un peu nerveuse... c'est tout.

## Cinquième jour

**Vendredi, après l'école. Assise dans la cuisine en train de regarder le gros chat des voisins marcher sur la barrière. Oups, il est tombé.**

Alicia m'adore, cher journal ! Tout le monde est jaloux !

Aujourd'hui, elle est arrivée à l'école avec un immense classeur rouge plein d'articles découpés dans des journaux et des magazines. Elle l'a ouvert, tout excitée, et m'a montré une photo.

– Regarde, s'est-elle écriée. Trop cool !

Aïe, cher journal, c'était une photo de maman et moi sortant du théâtre. Je me rappelle très bien ce moment : nous étions juste derrière Madonna, qui était la véritable cible des paparazzi, et, comme maman ressemble un peu à Madonna quand l'éclairage est mauvais, ils nous ont prises en photo, dans la confusion. Je portais un costume de fée, rose avec une baguette magique. (J'étais plus jeune, à ce moment-là !)

J'ai relu la légende : *L'auteur à succès Mandy de Trop et sa fille, Bathsheba Clarice, au lancement du dernier livre pour enfants de Madonna.*

Alicia rayonnait. Elle m'a broyé les mains devant tout le monde :

– Je n'y crois pas ! Je suis copine avec une *people* !

Puis elle a ajouté :

– Prem's, je me mets à côté de toi à tous les cours, Bathsheba !

Chanelle et Davina ont eu l'air un peu contrariées. D'habitude, ce sont elles les voisines d'Alicia.

J'ai ouvert la bouche pour protester et dire que ma place était près de Keisha, mais Alicia me regardait comme si j'étais déjà une vraie star de cinéma.

– Tu as *trooop* de chance, a-t-elle soupiré. Je parie que tu te déplaces tout le temps en limousine, que les gens te reconnaissent partout où tu vas, que les boutiques t'envoient des invitations spéciales VIP, que les designers t'offrent des cadeaux...

Il est vrai que maman reçoit parfois des livres en service de presse, livrés par des éditeurs, alors j'ai un peu redressé les épaules et j'ai répondu :

– Oui, en effet. Être moi, c'est pas mal ! Ma vie est trop classe ! Bien sûr, on me reconnaît tout le temps et c'est pénible, mais j'ai appris à vivre avec la gloire.

– Oh, Bath, a bougonné Keisha, arrête de frimer !

– Ah, je crois que ça se rafraîchit, par ici, a lancé Alicia. Vous venez, les Anges ? À plus tard, Bath.

– Tu ne l'aimes pas, ai-je reproché à Keisha après un moment.

– Qui ça ?

– Arrête, Keisha, c'est tellement évident !

Je lui en voulais vraiment d'avoir fait fuir Alicia. Et d'être de si mauvaise humeur avec moi ! (Même si je le méritais peut-être.)

– Tu sais, tu devrais être contente que je me fasse des amies !

– Je le suis, bien sûr ! Mais...

– Mais quoi ?

Elle s'est mise à gigoter, un peu gênée. Et puis elle a dit :

– Écoute, Bath... Alicia est une hypocrite. Elle fait toujours des histoires.

– Les gens l'aiment bien, pourtant.

– Tu parles ! C'est plutôt qu'ils ont peur de se retrouver du mauvais côté !

– Qu'est-ce que tu veux dire ? Qu'est-ce qu'elle fait ?

– Eh bien, justement : elle, elle ne fait rien. Mais elle force les autres à exécuter des trucs affreux. Elle est sournoise !

Cher journal, j'étais vraiment consternée. Normalement, Keisha ne dit jamais de mal de personne ! Et ce n'était pas très agréable d'entendre ça, parce que j'étais très fière d'être choisie comme amie par la super populaire Alicia.

– Quels trucs affreux ? ai-je voulu savoir.

Mais Keisha a pris la mouche, et elle a répliqué :

– Je ne peux pas t'expliquer, c'est un secret que j'ai promis de garder, mais elle a fait quelque chose de vraiment horrible, l'année dernière. Ne t'approche pas d'elle... tu le regretterais !

Un secret ?

Cher journal, je croyais que deux meilleures amies n'avaient pas de secrets l'une pour l'autre. J'ai commencé à m'inquiéter...

– Keisha. Je ne te pose pas de question, je fais juste une remarque : est-ce qu'on peut avoir un secret pour sa meilleure amie ?

Keisha a paru embarrassée :

– *S'il te plaît*, pas de question, Bath. Avant de te rencontrer, j'ai promis à quelqu'un que je n'en parlerais jamais à personne.

Et là elle a rougi et s'est cachée derrière son livre.

– Qui ça, quelqu'un ?

J'étais de plus en plus contrariée. Elle a marmonné :

– Ça non plus, je ne peux pas te le dire.

Alors la cloche a sonné, et on a dû aller en maths.

**Après avoir caressé le chat d'en face pendant un moment (d'après Mme Brodie, notre voisine, il s'appelle Seamus).**

Cher journal,

Je ne peux pas m'empêcher de penser au secret. Et je me sens... comment dire... un peu blessée. À quoi ça sert que tu sois disponible et affectueuse envers une amie, que tu coures vers elle les bras grands ouverts, si elle dresse entre vous un énorme SECRET tout dur contre lequel tu vas t'écraser lamentablement ?

Je me torture aussi à cause de cette autre personne. Sur qui je ne sais rien. Que Keisha aime tellement qu'elle me cache son secret.

Et puis ça, encore... Je sais que Keisha ne me ment pas. Alors il vaut mieux que j'évite Alicia. Quel dommage ! Je voulais vraiment l'avoir comme deuxième meilleure amie ! Elle a pourtant l'air de m'aimer ! Snif !

Mais Keisha EST l'amie la plus merveilleuse du monde. Grâce à elle, cette première semaine, qui aurait pu se passer très mal, n'a pas été épouvantable (enfin, pas tout le temps. Elle a même été *splendilicieuse* !) Alors Keisha a bien le droit d'avoir un secret. Je parie qu'elle finira par me le dire, de toute façon...

Je devrais peut-être décerner un titre à Keisha. Lui remettre une décoration, par exemple. Pour lui montrer à quel point nous sommes bonnes amies. Je pourrais découper une étoile dans du carton, la couvrir de papier argenté et marquer dessus :

MÉDAILLE POUR UNE SUPERAMIE. Mieux que ça ! Super... *SUPERCHERIE*.

**Après le dîner (hachis Parmentier ! un peu raté, mais bon quand même).**

C'est si bien d'avoir Bill pour m'aider ! Pour la Médaille de Meilleure Amie, il m'a donné de bons conseils de décoration : utiliser une guirlande et la chaîne déglinguée d'un vieux bouchon de baignoire. Il est génial, surtout que je voyais bien qu'il aurait préféré regarder *Football Actualité*. Maman ne m'aurait jamais laissée fabriquer une Médaille de Meilleure Amie dans le salon, à cause de la colle sur les meubles.

En plus, il m'a expliqué que « supercherie » ne veut pas du tout dire ce que je croyais ! Ça veut dire tromperie. Oups ! Je vais mettre *supersublime*, à la place.

Ouf ! Je suis drôlement contente d'avoir fini ma première semaine de classe ! J'ai été *siiiii* occupée !

Avoir du temps pour se détendre et pour faire des Médailles de Meilleure Amie, c'est trop bien !

## Sixième jour

**Samedi. Début du week-end : deux jours entiers pour jouer non-stop !**

C'est le week-end, cher journal ! Tu sens les Rice Pops ? Je crois que c'est ce que nous avons pour le petit-déjeuner.

J'ai deux jours entiers = deux fois vingt-quatre heures = des millions de minutes = des billions bizarrions de secondes (fais le calcul, cher journal, moi je ne suis pas obligée parce que je ne suis pas en classe !) pour faire Tout ce que Je Veux !

Week-eeeeend !

Je n'ai jamais eu de week-end, cher journal. Avant. Bon, bien sûr, les week-ends existaient. Mais, quand tu ne vas pas à l'école (ou au travail, ça doit être pareil), tu ne remarques pas vraiment que les jours vont et viennent.

J'écris sur la table de la cuisine. Après m'être levée, j'ai dévalé au trot les escaliers et sauté par-dessus le piano pour atterrir ici, où Bill préparait le petit-déjeuner en sifflotant (je veux dire : versait les Rice Pops dans les bols).

– Aujourd'hui aussi, tu vas chercher du travail ? lui ai-je demandé.

– Eh oui. On ne sait jamais ce qui peut arriver pendant la nuit. J'ai les journaux à lire... et je vais faire un saut à la bibliothèque pour utiliser l'imprimante, puisque la nôtre est encore en panne.

– Oh, je suis sûre que tu vas très vite trouver, lui ai-je répondu gaiement. Tu devrais, en tout cas. Avec tout le mal que tu te donnes !

– Eh bien, je le pense aussi ! Je ne suis pas difficile... et je suis bien plus qualifié que la plupart des gens de Pôle Emploi.

– Tu es *Spectaculaire*, ai-je ajouté. Si tu veux, tu peux emprunter un de mes boas en plumes. Moi, ils me donnent plein d'assurance.

Papa a ri, ce qui m'a fait plaisir. J'aime bien faire rire. Keisha trouve que je pourrais devenir une grande actrice de comédie, cher journal. Elle me l'a dit la première fois qu'elle m'a rencontrée, quand je lui ai fait visiter l'hôtel particulier immense où j'habitais avec maman. J'ai vu Keisha jouer dans la pièce de l'école de l'an dernier, et elle joue elle-même tellement bien qu'elle doit savoir de quoi elle parle.

Donc, aujourd'hui, Keisha et moi allons emprunter *Pygmalion* à la bibliothèque et nous allons le lire. Ensuite, je l'ai invitée à dormir chez moi pour répéter notre texte ! C'est la première invitation à dormir de TOUTE MA VIE et je meurs d'impatience ! Oh, cher journal, j'ai tout arrangé pour que ce soit parfait. J'ai mis ma nouvelle couette *princessieuse* pour Keisha, sur le matelas d'appoint (qui tient TOUT JUSTE... ma chambre est entièrement matelassée, maintenant !), j'ai prévu un sublime chocolat chaud avant d'aller nous coucher, et des livres de la bibliothèque, sur le théâtre. J'ai préparé aussi quelques CD, mais seulement de la musique très douce qu'on n'est pas vraiment obligées d'écouter, parce qu'il s'agit d'une invitation pour répéter, pas pour s'amuser. Nous allons lire et apprendre des passages de *Pygmalion*, toute la nuit !

Et, cher journal, j'ai un plan. Tout ce que je peux te dire, c'est que ça comporte les mots « Keisha », « secret », et « Action ou Vérité ». Et « Bathsheba (c'est moi) apprend le secret de Keisha parce que nous sommes meilleures amies » !

En fait, je crois que Keisha a envie de me le confier, ce secret. Elle a juste besoin d'un petit coup de pouce !

**L'après-midi. Après notre tour en ville!**

Je suis allée à la bibliothèque avec Keisha, Bev et Bill. Keisha a pris un ordinateur et s'est mise à *googler* «joueurs de basket», sans doute pour *La Gazette de Clotborough*. Moi, j'ai signé tous les livres de maman qui se trouvaient dans la section Jeunesse. J'ai dû leur faire prendre une valeur folle, des milliers de livres sterling peut-être. Je suis sûre que la bibliothécaire sera contente: elle va pouvoir les vendre sur eBay et acheter davantage d'ordinateurs, ce qui sera bien, parce que, pour le moment, on est obligés de faire la queue.

Je n'aime pas qu'on me remercie pour ces petits gestes de gentillesse, journal: ils me remplissent d'une Douce Sensation de Chaleur qui me suffit. Le porridge me fait le même effet. Alors, les jours de porridge, je n'ai pas besoin d'être gentille.

J'ai aperçu Alicia dans la section «Ouvrages de référence», où je ne vais pratiquement jamais parce que les livres sentent les maths. Elle était assise à une table à côté d'un homme renfrogné qui devait être son père. Il lisait un ÉNORME livre dont la couverture représentait une équation. Moi aussi, j'aurais l'air renfrogné, si je devais lire ça !

Alicia m'a fait un petit signe et m'a adressé un sourire discret. Je lui ai rendu son sourire... et là je me suis sentie coupable à cause de Keisha, qui ne voyait pas Alicia tellement elle était plongée dans sa lecture sur le basket. (Tiens, je viens juste de me rappeler que, pour le journal, Keisha prépare un article sur le réchauffement climatique, en ce moment. Donc ses recherches sur le basket ne concernent pas l'école. Je me demande pourquoi elle les fait, dans ce cas. Bizarre.)

Oh, cher journal, je suis sûre que ce soir Keisha va craquer et me confier son secret. Elle ne peut pas me le cacher indéfiniment. Pas si elle est vraiment ma meilleure amie. Elle a dû aller expliquer la situation à l'autre personne et lui dire : « Écoute, je sais : j'ai promis de garder le secret, mais j'ai une meilleure amie, maintenant, et les choses ont changé, alors, s'il te plaît, est-ce que je peux le lui dire... ? »

Je parie que la personne la laissera me le raconter, si Keisha pose la question de cette manière-là.

**Plus tard dans l'après-midi... Presque le soir...**

Cher journal,

Keisha et moi, on est toutes les deux tellement déçues par *Pygmalion* !

D'accord, ça démarre bien. Il y a une scène assez drôle avec les marchandes de fleurs, où Eliza (l'héroïne) en fait des tonnes en poussant des cris et des « heeey ! », qui sont des « oh ! » mais avec l'accent cockney. Elle est toute bouleversée parce qu'elle croit que le professeur Higgins (le héros) est un policier qui va lui causer des ennuis, alors qu'il est simplement incroyablement intelligent, ce qui fait qu'il sait tout sur tout le monde, comme l'école où ils sont allés par exemple, juste en écoutant leur accent[1].

Keisha s'est écriée (elle lit plus vite que moi) :

– Mais le professeur Higgins est horrible ! Regarde : il traite Eliza de feuille de chou écrasée !

– C'est pas grave. C'est une pièce romantique. Ils vont finir par tomber amoureux même s'ils se disputent.

Eh bien, pas du tout ! (J'ai regardé la fin, je sais, c'est de la triche, mais je voulais savoir !)

En fait, le professeur Higgins (qui en réalité est autoritaire et ennuyeux !) lui explique qu'il va la changer en lady et lui apprendre à parler avec un accent chic, parce qu'il trouve le sien horrible.

Alors, au lieu de lui répondre : « Dégagez, je préfère encore vendre des fleurs (ou « flaères », c'est ce qu'on entend avec son accent) plutôt que

1. George Bernard Shaw est Irlandais et ses pièces sont très connues en Grande-Bretagne.

de supporter votre mépris », elle s'en va avec lui. Je peux la comprendre, puisqu'elle n'a pas d'argent ni rien. Qu'est-ce qu'elle peut faire d'autre, finalement ? Elle réussit brillamment à jouer les femmes distinguées. Un soir de bal, tout le monde pense même qu'elle est une princesse. Mais le professeur ne lui en est pas reconnaissant du tout, il est seulement très content de lui et il ne lui prête aucune attention. Alors, forcément, elle se sent seule et triste.

Et puis le professeur, qui est censé être le héros, refuse de tomber amoureux d'elle comme on pourrait s'y attendre ! Donc Eliza ne peut pas l'épouser. À la place, elle épouse un garçon qui s'appelle Freddy. Ce qui est ABSURDE, puisque c'est celui qui se dispute avec l'héroïne qui doit se marier avec elle, à la fin ! Tout le monde sait ça !

Honnêtement, je pense que M. George Bernard Shaw, l'auteur de cette pièce, devrait visionner quelques comédies romantiques avant de se mettre à en écrire une autre, parce que son *Pygmalion* est complètement raté.

Keisha et moi avons répété quelques passages, malgré tout. Eliza est vraiment le plus beau personnage, elle est tellement excessive ! Elle doit dire : « J'chuis une honnête fille, mouaê ! » et « C'te blague ! » et « Heeey ! » Elle se démène, elle hurle. Je peux le faire ! Facile !

Mais il faudrait un *happy end*, cher journal. Pourquoi M. Trucillo n'a-t-il pas choisi une pièce avec une histoire d'amour et de jolis costumes et... et des chansons ? Pff !

**Très tard dans la nuit. Keisha est endormie.**

Cher journal,

Pardon si je t'ai réveillé. Mais je suis si malheureuse. Il faut que j'en parle à quelqu'un... Qui ne peut pas être Keisha parce que c'est à cause d'elle que je suis tellement triste !

Je t'ai dit que j'avais un plan, tu te souviens ?

Eh bien, il a raté. Et maintenant Keisha est furieuse contre moi.

Je croyais l'avoir bien préparé, pourtant.

On avait tellement répété qu'on n'en pouvait plus... et on avait parlé de tout ce qu'on ferait quand on serait des Stars de Cinéma célèbres, assaillies continuellement par les photographes : ce qu'on porterait pour la cérémonie des Oscars ; est-ce qu'on pourrait encore s'inviter à passer la nuit l'une chez l'autre, même si ça ne fait pas très star... Et là j'ai proposé :

– On joue à Action ou Vérité ?

Keisha a répondu :

– D'accord !

Alors on a joué pendant un moment. J'ai choisi une action et j'ai dû imiter Mlle Kinsey (Keisha a ri tellement fort que Bill est venu voir si tout allait bien) et Keisha a pris une vérité : « Qu'est-ce que tu préfères : club Journal ou club Théâtre ? »

Elle a dit :

– Club Journal !

Puis j'ai eu une vérité : « Si tu devais choisir entre ton père et ta mère, tu prendrais qui ? » (C'était DUR, cher journal ! En fait, j'ai expliqué à Keisha que je ne pouvais pas répondre et elle a été très gentille, elle a dit que ce n'était pas grave, elle non plus elle ne pourrait pas, et je n'ai pas eu de gage parce que ce n'était pas une bonne question.)

Ensuite, cher journal, j'ai mis mon plan en action !

Keisha a choisi une vérité. J'ai respiré un grand coup.

– Vérité : quel est le secret sur Alicia ? lui ai-je demandé.

– Je ne peux pas te répondre ! Je prends un gage à la place.

– Non, attends ! Alors, c'est le secret de qui ?

– Je ne peux pas répondre, Bath ! Je te l'ai déjà dit au moins un million de fois ! C'est super grave et j'ai promis de ne pas en parler.

Elle avait l'air bouleversée et très en colère, aussi. Elle a fini par me lancer :

– C'est pour ça que tu voulais jouer à Action ou Vérité ? Juste pour me pousser à te raconter mon secret, Bath ? Je suis sûre que c'est pour ça !

– Non, non ! Enfin... si.

J'étais profondément malheureuse et, en plus, je me sentais coupable.

– Oh, Bath !

Alors elle s'est jetée sur le matelas d'appoint :

– Je vais dormir !

Elle n'a pas dit « Ouhhhh, je vais dormir » en bâillant. Non. Plutôt : « Je suis furax et maintenant je me couche pour ne plus te voir pendant que tu essaies de me demander pardon. »

Ce que j'ai fait jusqu'à ce qu'elle finisse par céder, et là elle s'est vraiment endormie, mais moi, cher journal, je ne vais pas mieux. Je n'en peux plus de ne pas connaître cet énorme secret ! C'est horrible ! Un secret que tu ne pourras jamais *jamais* savoir, c'est comme un cadeau de Noël que tu n'as pas le droit de déballer ! Le pire des cauchemars ! Et c'est ma MEILLEURE AMIE qui me donne ce cadeau *indéballable*, tu vois...

Oh, j'aimerais tellement ne jamais avoir entendu parler de ce secret.

J'ai l'impression qu'il gâche *tout*.

## Septième jour

**Dimanche matin. Temps morose.**

Mauvaise nouvelle, cher journal.

Même si le moment « Action ou Vérité » a été terrible, je me suis vraiment bien amusée hier avec Keisha. Je pensais qu'on pourrait se retrouver samedi prochain aussi, pour continuer nos répétitions.

Mais Keisha n'est pas libre samedi prochain. Ni aucun autre samedi matin. Elle va à l'entraînement de majorettes, où elle essaie d'être sélectionnée ; elle me l'a annoncé après le petit-déjeuner. Je me suis demandé si c'était parce qu'elle était encore furieuse contre moi, à cause de la soirée et de ce stupide secret. Mais je ne lui ai pas posé la question, de peur qu'elle réponde oui. Là, je me serais sentie trop mal.

Elle m'a expliqué :

– Je peux te voir tout le reste de la semaine, Bath, alors ça n'est pas très grave ! On est bien obligées de se séparer de temps en temps, non ?

J'ai essayé de Penser Positif, mais c'était dur. En fait, je ne vois pas Keisha autant que je l'aurais cru. Elle est toujours occupée, en dehors de l'école. On est au club Journal ensemble, et au club Théâtre, mais j'ai l'impression qu'elle a quelque chose de prévu absolument tous les soirs, maintenant que le trimestre est commencé. Vraiment, je ne sais pas comment elle se débrouille pour faire ses devoirs.

– Les majorettes, ai-je lancé. Ça, c'est drôle ! Et j'ai ajouté : Peut-être que je devrais essayer aussi !

Keisha s'est contentée de toussoter.

Ensuite, il y a eu un trou épouvantable dans la conversation, à peu près de la même taille que celui qui me sépare de maman quand nous nous parlons au téléphone, sauf que ce trou-là n'était pas dû à l'immensité de l'océan...

– Très bien, ai-je conclu. D'accord. Pas de problème.

Keisha est rentrée chez elle juste après.

**Dimanche après-midi. Et maintenant il pleut.**

Je n'ai plus trop envie de continuer la Médaille de Meilleure Amie pour Keisha. Je suis fâchée et triste. C'est peut-être injuste, mais tant pis. Pourquoi ne veut-elle pas que j'aille aux majorettes avec elle ? Je suis sa meilleure amie !

Et c'est quoi, cet énorme secret ?

Qui Keisha peut-elle aimer au point de garder son secret, même si elle doit me mettre en colère ? Moi, sa meilleure amie !

Mais est-ce que je suis *vraiment* la meilleure amie de Keisha ?

Prise de panique, je viens d'appeler Keisha :

– Je suis vraiment ta meilleure amie ?

– Bien sûr, Bath ! Quelle question !

Je suis soulagée, parce qu'elle avait l'air de le penser sincèrement.

**Minuit**

Pouah ! Réveillée à l'instant par un cri venant de la maison qui fait peur. J'ai regardé par la fenêtre : un homme qui ressemblait à un pitbull en sortait en claquant la porte derrière lui.

Il paraissait si brutal. Pas du tout comme nos gentils voisins de l'autre côté.

Aïe, cher journal, il a levé les yeux vers moi !

Je me suis vite cachée. J'espère qu'il ne m'a pas vue...

## Huitième jour

**Lundi. Alerte Hannah Lumb et Super Nathan.**

Berk puissance dix, cher journal !

Aujourd'hui, Hannah Lumb nous a coincées à la cantine, Keisha et moi.

– Alors c'est ta mère qui écrit tous ces livres nuls ? a-t-elle lancé en guise d'introduction.

– Ils ne sont pas nuls ! ai-je répliqué.

– Ah ouais ! Un tas d'histoires absurdes ! Comme l'arrestation des voleurs dans *Intrigue à Paris pour Bathsheba*, ou le poney de la SPA qui finit par gagner le grand prix dans *Le Gymkhana de Bathsheba*, ou le président des loups mangeurs d'hommes dans *Bathsheba et la machine à remonter le temps*, ou...

J'ai échangé un regard avec Keisha et nous avons pensé la même chose, cher journal. *Waouh, Hannah Lumb a vraiment lu beaucoup de « Bathshebas » !*

MAIS nous ne l'avons pas dit tout haut. Nous sommes bien trop futées. En revanche, Keisha a eu une idée de génie et s'est mise à hurler :

– AU SECOURS, Mademoiselle Kinsey !

Hannah a sursauté, et, pendant qu'elle cherchait fébrilement des yeux Mlle Kinsey (qui n'était pas là), Keisha et moi avons COURU dans la direction opposée. Mlle Kinsey est le seul professeur dont Hannah ait peur. Elle la trouble avec ses grands mots.

Et après, devine quoi ?

Nathan Hunderchunk m'a fait passer un mot en SVT. J'avais peur de le lire, au début, mais tu sais ce qui était écrit ?

Chère Bathsheba

Hannah Lumb est trop bête. Je suis super-fan de tous tes livres ! Mon préféré est « Intrigue à Paris », où tu revoles aux voleurs les étoles qu'ils ont volées.

Nathan Hunderchunk

(*Intrigue à Paris pour Bathsheba* est l'un des best-sellers de maman. L'histoire d'une méchante créatrice de haute couture qui vole à un concurrent des étoles hors de prix – des sortes d'écharpes très chics. Bathsheba trouve la coupable, et elle revole les étoles, ce qui est très malin parce que la méchante créatrice ne peut pas prévenir la police, puisque c'est elle qui les a dérobées la première !)

Bref, c'était un mot très gentil. Il m'a profondément réconfortée. J'ai commencé à penser que Nathan n'était peut-être pas si *quacko*, après tout. Je lui ai souri à travers la classe, mais je ne suis pas sûre qu'il l'ait vu – il était très concentré sur sa lecture et ses oreilles étaient toutes rouges.

Ensuite, j'ai ouvert mon sac pour prendre ma trousse, et j'ai HURLÉ parce que, à l'intérieur, il y avait un truc avec des fils électriques qui dépassaient et des lumières qui clignotaient !!!

M. Runcibald m'a demandé de l'apporter sur son bureau. Il l'a regardé et il m'a dit :

– Eh bien, voilà un minuteur très *bien* fait, Bathsheba, mais tu n'as pas à jouer avec ça en SVT.

Alors, maintenant, toute la classe pense que moi, je suis assez *quacko* pour fabriquer des minuteurs et pour jouer avec pendant les cours, quand il est archi évident que c'est la faute de Nathan !

Qui d'autre mettrait une chose pareille dans mon sac !

OOH, cher journal, je lui en veux tellement de me créer tous ces problèmes.

## Neuvième jour

**Mardi. (Le régime des points d'exclamation!!!!)**

Mlle Kinsey m'a interdit les points d'exclamation !!! (Et zut, j'ai oublié !)

Elle m'a appelée au tableau pendant le cours d'anglais :

– Bathsheba, pour la rédaction faite à la maison...

– « Racontez vos vacances » ? l'ai-je interrompue en hochant la tête. Je sais que ça a l'air inventé, mais tout est vrai, je vous promets, même les frites et les écureuils.

– Oh, je vous crois. Seulement, vous n'avez pas vraiment rendu un devoir sur le thème des vacances, Bathsheba.

– Mais si ! ai-je riposté, indignée.

– Non, ce que vous avez décrit en réalité, ce sont vos... (Mlle Kinsey s'est retournée pour achever sa phrase en gros sur le tableau) « vacances !!!!!!!! ».

Elle a fouillé dans ses papiers jusqu'à ce qu'elle trouve mon devoir. Chaque point d'exclamation était entouré à l'encre rouge.

– J'ai compté les points d'exclamation de votre texte, Bathsheba ; il y en a cinquante-quatre. Pour un exercice de deux pages, cela me paraît excessif.

– C'étaient des vacances vraiment passionnantes !

– Il n'existe pas, à mon avis, de vacances assez passionnantes pour justifier cinquante-quatre points d'exclamation. Pas même celles de James Bond. À partir de maintenant, je vous mets au régime.

J'ai tâté mon estomac avec inquiétude. Maman m'envoie tout le temps des mails angoissés avec des conseils pour ne pas prendre de poids pendant son absence. De ce côté-là, ça allait.

– Au régime de la ponctuation, Bathsheba ! Fini, les points d'exclamation ! Quand vous penserez devoir en mettre un absolument, vous rédigerez une explication pour justifier son emploi, que vous me remettrez en même temps que votre devoir.

J'ai ouvert et refermé la bouche, horrifiée.

– Ça va me faire écrire deux fois plus !

– Vous comprenez où je veux en venir, a acquiescé Mlle Kinsey.

– Mais... mais si je n'utilise pas de points d'exclamation, tout ce que j'écrirai sera très ennuyeux !

Mlle Kinsey, agacée, a tapoté le bureau avec son stylo :

– Eh bien, vous devrez trouver d'autres manières de transmettre votre enthousiasme. L'enrichissement de votre lexique, par exemple.

– Je ne suis pas sûre d'en avoir un, ai-je murmuré.

– Votre lexique est l'ensemble des mots que vous connaissez, et je peux vous assurer que chaque élève de ma classe est censé en avoir un. (Elle m'a regardée par-dessus ses lunettes.) La ponctuation n'est pas un droit, Bathsheba. C'est un privilège.

C'est là qu'elle m'a donné cet énorme volume, dont le nom sonne comme celui d'un dinosaure... attends... ah oui, c'est ça, DICTIONNAIREANALOGIQUE.

Grâce à lui je suis supposée élargir mon vocabulaire. En l'écrasant sous son poids, peut-être...

En fait, ce livre est super intéressant. Je ne savais pas qu'il existait autant de mots... au point que c'en est harassant. Ce qui veut dire « fatigant, assommant ». D'après ce livre de la taille d'un dinosaure.

Je me plaignais à Keisha de ce régime de ponctuation, pendant la récréation, mais elle semblait distraite. Je crois que c'est à cause des garçons, qui jouaient au basket tout près de l'endroit où on essayait de parler et qui faisaient beaucoup de bruit. Rafiq jouait aussi. Pas très bien. Il n'arrêtait pas d'envoyer le ballon dans notre direction et Keisha devait tout le temps l'attraper pour le lui rendre. À mon avis, il ne doit pas être si fort que ça. Sinon il garderait la balle sur le terrain, je ne sais pas, moi, au lieu de venir déranger notre conversation. Pff ! C'est ce que j'ai expliqué à Keisha.

– SI, il est fort ! s'est-elle écriée avec beaucoup de mauvaise humeur.

J'ai cru qu'elle allait ajouter quelque chose, mais elle a changé d'avis. En tout cas, quand il a envoyé le ballon vers nous la fois d'après, elle n'est pas allée le ramasser.

Nathan traînait plus ou moins les pieds en bordure du terrain comme s'il voulait jouer mais n'osait pas demander. J'éprouvais de la tristesse pour lui, mais c'était une tristesse un peu écœurante. Je sentais que j'aurais dû essayer d'être amie avec lui, parce qu'il n'a personne d'autre et qu'il a été gentil à propos de mes livres. Mais il est *quacko* et son frère a l'air effrayant et... bon, je n'en ai pas envie !

Et maintenant j'ai honte.

Le club Journal s'est bien déroulé, malgré tout ! J'ai été désignée reporter et j'ai dû partir faire le tour de l'école, pour chercher des gens à interviewer. Comme c'était après les cours, il n'y avait plus grand monde dans le coin, alors j'ai fini par interviewer Rafiq, resté pour s'entraîner. Je l'ai interrogé sur ce que ça fait d'être une Star du Basket, mais voilà tout ce que ça lui a inspiré comme réponses : « Ouais », « Non » et « Ch'sais pas, c'est cool ». Je te promets. Et je suis censée en faire un article passionnant ?

Alicia était reporter, elle aussi. En fait on a fini par se balader ensemble, puisque Keisha devait aider Mlle Kinsey pour des problèmes de mise en page. (Mlle Kinsey n'aime toujours pas les ordinateurs.) Alicia m'a raconté des choses incroyables sur les troisièmes et les secondes, et même sur les profs. Les journaux ne sont pas faits uniquement pour les commérages, je sais, mais c'était amusant !

Après ça, elle a voulu tout connaître sur maman et moi, et sur l'hôtel particulier. Le temps qu'on regagne la salle informatique, on marchait bras dessus, bras dessous, comme si on était meilleures amies ou presque. Quand elle nous a vues arriver, Keisha m'a lancé son regard bizarre, et j'ai pensé *oups !* que je ferais mieux de me faufiler en vitesse à ma place et d'ignorer Alicia pendant tout le reste du cours. Ce n'était pas poli, mais qu'est-ce que je pouvais faire d'autre ?

Sur le chemin du retour après le club Journal, j'ai demandé à Keisha de me montrer ses mouvements de majorette, mais elle m'a répondu qu'elle n'était pas encore très forte. Je ne sais pas quand a lieu la sélection. Keisha change de sujet à chaque fois que je lui pose la question.

Il y a une pensée qui m'obsède, cher journal : Alicia, qui n'est pas ma meilleure amie, me raconte tout. Et Keisha, qui est ma meilleure amie, ne me dit rien...

## Dixième jour

**Mercredi. Merci! Pourquoi ? Parce que ça rime, cher journal!**

Aujourd'hui en anglais, Mlle Kinsey m'a surprise en train d'écrire en cachette ma lettre de motivation pour le Dramarama ! Ce qui m'a valu un « VOUS VIENDREZ ME VOIR À LA FIN DU COURS. » J'ai eu tellement peur ! J'ai demandé à Keisha :

– On va me renvoyer ?

J'étais au bord des larmes !

– Bien sûr que non, Bath ! Mlle Kinsey est seulement un peu fâchée. Allez... je t'attends dehors.

Quand je suis arrivée près de son bureau, Mlle Kinsey m'a regardée par-dessus ses lunettes, puis elle m'a demandé :

– Pouvez-vous m'expliquer de quoi il s'agit ?

Elle agitait la lettre devant mes yeux.

– C'est ma lettre de motivation, ai-je pleurniché.

– Ah ! en effet. M. Trucillo m'en a parlé. Malgré tout, ce n'est pas une bonne idée de l'écrire pendant mon cours.

Elle a tourné et retourné ma feuille dans tous les sens, jusqu'au moment où elle a dit :

– Vous avez vraiment envie de vous inscrire au Dramarama, n'est-ce pas, jeune fille ?

J'ai acquiescé en silence, remplie de terreur parce que ce n'est jamais bon signe quand quelqu'un t'appelle « jeune fille », cher journal.

– Hum. Eh bien, pour commencer, je vous suggère d'améliorer cette lettre. Vous pouvez faire beaucoup, beaucoup mieux, j'en suis certaine.

Voici ce que j'avais écrit :

Cher Dramarama !!!

Je meurs d'envie d'aller au Dramarama, pour faire le stage !! J'ai déjà vos autocollants que j'ai mis sur mes chaussures. Je veux y aller parce que mon amie Keisha y va et aussi parce que je veux devenir une star!!!

En vrai, je suis déjà une star, alors je sais que vous serez très flattés de m'accueillir. J'ai mon boa de plumes et tout ce qu'il faut. En plus, ma mère a des amis à Hollywood. Oh, s'il vous plaît, laissez-moi venir!!! Je suis vive et dynamique et j'ai des millions d'amis, et aussi je suis déjà très théâtrale, donc vous n'aurez rien à m'apprendre.

Alors s'il vous plaît, super, super s'il vous plaît, je peux venir?????

Merci un milliard de fois,

Bathsheba Clarice de Trop

Mlle Kinsey a lu et relu ma lettre, puis elle a secoué la tête en soupirant.

J'ai senti les larmes me monter aux yeux. Mlle Kinsey m'a tapoté la tête. Elle voulait être gentille, mais je ne comprends pas pourquoi tout le monde trouve ce geste réconfortant. *Tap tap tap.* Comme sur un ballon de basket.

– Bathsheba, m'a-t-elle expliqué, vous devez leur montrer que vous êtes mûre, que vous savez travailler en équipe et pas seulement vous pavaner.

– Je ne me pavane pas !

– Non, mais votre lettre paraît un peu... présomptueuse.

(PRÉSOMPTUEUSE. Quel beau mot ! Je crois que je vais aimer être présomptueuse, quoi que ça signifie.)

**Après avoir regardé dans le dictionnaire.**

Pff ! Je ne suis pas DU TOUT présomptueuse !

Bref, Mlle Kinsey m'a confié après un nouveau soupir :

– Vous êtes un peu perdue, n'est-ce pas ? Nouvelle école, nouvelle maison, nouveau père. Bathsheba, je vais vous aider pour votre lettre de motivation, parce que j'ai été une petite fille tout comme vous, autrefois.

Je l'ai regardée en clignant des yeux. Je ne l'imaginais pas avoir été un jour « *tout* comme moi », cher journal.

– Oui, a-t-elle ajouté, moi aussi, j'ai fait des rêves de théâtre. Qui n'ont rien donné. La vie en a décidé autrement. Mais vos rêves à vous peuvent encore se réaliser. Et puis ce travail sur la lettre de motivation peut également améliorer vos compétences en rédaction. Nous allons nous y attaquer ensemble, à nos moments perdus pendant le club Journal.

Waouh ! Comme c'est gentil de sa part !

Elle m'a encore tapoté la tête, mais cette fois ça ne m'a pas ennuyée.

**Plus tard...**

Cher journal,

MALHEUR !!!

Nathan Hunderchunk vient de quitter en trombe l'horrible maison d'en face (comme s'il avait été jeté dehors... oh, mon Dieu !). Maintenant, il traînaille sur la pelouse. J'espère qu'il ne peut pas me voir pendant que je l'espionne.

Je ne suis peut-être pas comme la Bathsheba des livres, mais je peux déchiffrer des signes suspects quand il le faut...

Pour commencer, cher journal, Nathan Hunderchunk habite juste en face de chez moi !

Dans la maison qui fait peur !

Et l'homme-pitbull que je vois tout le temps promener ses affreux chiens et hurler des choses épouvantables doit être son frère Jason ! De la Célèbre Tentative de Conflagration (dictionnaire analogique : « incendie, embrasement ») du Gymnase !

Oh, NON !

## Onzième jour

**Jeudi. D'après Bill, les noms de jours viennent des anciens dieux. Jeudi est le jour de Jupiter, dieu du tonnerre. Pas de signe d'orage, pourtant...**

Aujourd'hui au club Théâtre on a commencé à répéter des scènes de *Pygmalion*. Keisha et moi, nous nous sommes plaintes de ce que la pièce avait une fin triste. M. Trucillo a répondu simplement :

– Nous devons nous intéresser à des sujets plus forts maintenant. Vous ne croyez pas, mesdemoiselles ?

– On pourrait avoir des sujets plus forts mais avec une fin joyeuse, ai-je lancé, pleine d'espoir.

M. Trucillo s'est contenté de sourire.

Nous avons joué la scène où le père d'Eliza lui rend visite, et nous avons découvert qu'en réalité il l'a abandonnée et veut seulement lui soutirer de l'argent. Tout le monde riait parce que le père d'Eliza est vraiment drôle, mais moi, je ne pouvais pas m'empêcher de penser aux mauvais jours où Bill m'avait abandonnée (enfin, c'est ce que je croyais...), et je me suis sentie triste pour Eliza.

Et puis, on a appris que les auditions auraient lieu la semaine prochaine ! Je dois donc choisir le rôle que je veux présenter. Eliza est le seul personnage que j'ai vraiment envie de jouer... mais tout le monde pense que ce sera sûrement Alicia, alors je ferais peut-être mieux d'en choisir un autre. Alicia est très forte pour l'accent cockney. Elle le faisait même pendant nos improvisations, ce qui était un peu idiot, puisque nous étions censés être des arbres. M. Trucillo avait l'air assez ennuyé, avec sa forêt qui bavardait trop. Il a fini par se fâcher :

– Alicia, ça suffit. Tu n'as pas encore obtenu le rôle, tu sais.

J'étais un hêtre. Je me suis concentrée sur des Pensées d'Arbres, comme la Pousse des Feuilles et la Peur d'Être Changée en Meuble IKEA. C'était très apaisant. Je me suis promenée feuillue verdoyante pendant tout le reste de la journée.

**Le soir. Toujours pas d'orage. Jupiter est en vacances, peut-être ?**

J'ai reçu un mail de ma maman !

De : Achetez-dès-aujourd'hui-les-livres-de-Bathsheba

À : MoiMoiMoiMoiMoiMoi !

Objet : De Ta Mère Qui T'Aime

Ma chère Bathsheba,

Comment vas-tu ? J'espère que tu n'as attrapé aucune maladie épouvantable, dans ton quartier de misère. Ton père n'a jamais été très fort pour garder une maison propre. Je ne pense pas qu'il ait changé. Hollywood est toujours magnifique. Je me fais beaucoup de relations et mon agenda est rempli pour toutes les semaines à venir. Je sais que le film « Bathsheba » sera un succès. Si seulement tu pouvais être là, au lycée Sainte-Agnès avec Avocado, ce serait une telle opportunité pour toi !

Tu me manques beaucoup, ma chérie. N'oublie pas, tu peux venir passer les vacances ici. Je te prendrai un rendez-vous pour te faire de nouvelles dents – dis-moi, et je t'envoie le catalogue.

Bien affectueusement,

Mandy

De nouvelles dents ?

Comment ça, de nouvelles dents ???

Cher journal,

Pff ! Si seulement j'étais à Hollywood... Il y aurait des palmiers. Tu imagines te réveiller devant des palmiers ? Ici, j'ouvre les yeux devant le réveil que m'a donné Bill. Il représente Mickey

Mouse, et ses bras tournent et tournent, comme aucun bras de souris ne peut le faire sans se casser, j'en suis sûre.

Bill est en bas, déjà très occupé à écrire des lettres de candidature. Je l'entends grommeler et taper sur l'ordinateur. C'est la seule manière de faire fonctionner l'imprimante.

Je me demande quelle sorte de travail il va finir par trouver. Je pense qu'il devrait être DJ, ou alors présentateur de télévision. Mais il s'est énervé lorsque je lui ai fait part de mes suggestions :

– Sois réaliste, Bathsheba ! Au train où vont les choses, je serai content de décrocher une place d'éboueur.

Est-ce qu'il est en colère contre moi ? Je me sens un peu ABATTUE. Ce qui veut bien dire ce que ça veut dire. Le père d'Eliza est éboueur. Et il est méchant avec elle. Je crois que Bill restera gentil quel que soit son emploi.

À propos, j'ai DÉCIDÉ que j'allais auditionner pour le rôle d'Eliza. Je travaille mon accent cockney tout le temps, même à l'école. Je n'ai jamais rien fait de plus difficile ! C'est tout simplement contre nature, pour ma bouche.

## Douzième jour

**Vendredi. Jour de Venda, déesse du ventre... et des frites!**

Alicia a fait un bout de chemin avec moi ce soir. Elle m'a demandé de l'accompagner dans les boutiques demain ! C'était vraiment flatteur. Mais j'ai été gênée parce qu'elle n'a pas invité Keisha, alors j'ai répondu que je ne pouvais pas.

Ce soir, Keisha est en cours de pâtisserie. Elle prépare son brevet Sucre d'or. Alicia trouve que Keisha est une intello. Possible. Mais c'est quand même ma meilleure amie ! Même si elle a un énorme secret qu'elle ne partage pas avec moi.

J'ai essayé mon accent cockney à la boutique du coin de la rue, tout à l'heure. Une femme parfaitement inconnue m'a enlacée en s'écriant que ça lui faisait vraiment plaisir d'entendre une jeune parler avec l'accent gallois comme dans le temps. Mmm, j'ai besoin de travailler encore un peu, je crois...

## Treizième jour

**Samedi. Déjà presque deux semaines d'école! Je n'y crois pas!**

Je m'ennuie, cher journal. Pendant que Keisha jongle avec ses pompons...

Aïe, maintenant je m'aperçois que j'aurais bien aimé aller en ville avec Alicia. On se serait amusées. Elle est VRAIMENT gentille. En cours, dès qu'elle peut elle s'assied à côté de moi, elle me prête ses magazines, et même les échantillons de rouge à lèvres et tous les trucs qu'elle transporte dans son sac.

Bill travaille sur ses lettres de candidature. Tous les bouchons de stylos de la maison ont l'air d'avoir été attaqués par une souris, sauf que la souris, c'est Bill, qui écrit ses lettres sur la table de la cuisine en mâchouillant les capuchons. Si je fais le moindre bruit près de lui il se fâche :

– Bath ! J'essaie de me concentrer !

Il a emprunté mon livre-dinosaure pour varier les formules.

Il a postulé pour être boulanger, serveur, représentant de commerce en cannes et responsable des enseignements de mathématiques au collège de Clotborough (il dit qu'il peut toujours essayer, on ne sait jamais).

J'avoue : je ne pensais pas qu'il lui faudrait autant de temps pour trouver un travail. Je croyais qu'on allait simplement à Pôle Emploi, où on vous demandait : « Monsieur Dupont, ça vous plairait d'être maître nageur ?» Et vous répondiez : «Oui, très bien. – Merci. Vous commencez demain.»

Bill est très fort en Pensée Positive, pourtant. «Personne n'a dit que ce serait facile», c'est sa phrase à lui. Et il se remet à mâchouiller son stylo.

### Samedi soir

Maman a téléphoné !

Elle avait l'air si heureuse. Je crois que Hollywood est exactement l'endroit qui lui convient. Elle doit aller à des rendez-vous toute la journée, et elle n'écrit presque pas. Elle envisage d'ailleurs de réunir une équipe pour rédiger tous les futurs *Bathsheba*, et de lancer de nouvelles séries sur les héroïnes Fifi et Aurélia. Il pourrait même y avoir une poupée Bathsheba !

– Et toi, Bathsheba ? m'a-t-elle demandé. Tu réussis à t'amuser un peu ? Qu'as-tu fait aujourd'hui ?

– Oh, une amie m'a proposé un après-midi shopping, mais j'ai refusé parce que... parce que je n'avais pas d'argent, ai-je répondu.

Je ne voulais pas lui raconter toute l'histoire avec Keisha et Alicia. Elle risquait de la mettre dans un livre. Et ça, cher journal, ça me dérangerait énormément. Je ne sais pas pourquoi. En fait, je pense qu'il s'agit de ma vie, pas de celle de la Bathsheba inventée.

– Mais, Bathsheba, j'ai ouvert un compte spécialement pour toi, tu le sais ! Tu n'as aucune raison de te priver ! Bill le *sait*, n'est-ce pas ? Il n'a pas *utilisé* cet argent, dis-moi... ?

– Non ! ai-je crié, furieuse. C'est méchant de dire ça, maman !

– Excuse-moi, ma chérie. Mais je m'inquiète pour toi, voilà tout.

Pour finir, j'aurais préféré que maman n'ait jamais téléphoné, parce qu'elle a parlé pendant des heures avec Bill à propos de l'argent, et je voyais bien qu'il était agacé et malheureux. Je ne sais pas exactement ce qu'elle lui a raconté, mais, après avoir raccroché, Bill est venu dans ma chambre :

– Bath, tu te souviens que tu peux prendre cette carte bancaire quand tu veux, n'est-ce pas ? Il suffit de demander...

Oh, mon Dieu. Que la vie est compliquée...

## Quatorzième jour

### Dimanche

Ce matin, Bill et moi sommes allés à IKEA avec Bev et Keisha. Bill a rapidement examiné la foule, puis il s'est assis à la cafétéria d'un air décidé en déclarant :

– Vous m'enverrez un texto quand vous aurez terminé, les filles. Je vais prendre un café en vous attendant.

Nous avons donc fait notre tour toutes seules, Keisha et moi. Bev est partie regarder les cuisines, et nous on a cherché les jouets. (Je sais, c'est bébé, mais ils sont si mignons !) C'est là qu'on a découvert cet incroyable lit à baldaquin jaune dont on a eu follement envie toutes les deux, malgré son nom *quacko* de SPLUKKET.

Tu sais ce que je pensais à chaque instant, cher journal, même pendant qu'on mangeait nos boulettes de viande ?

C'est peut-être un peu gênant... Je me demandais si les gens nous prenaient pour une famille. Keisha et moi, et Bill et Bev.

Et si c'était vrai... enfin, si Keisha était ma sœur... est-ce qu'elle aurait des secrets pour moi ?

J'essaie d'oublier le secret, mais je ne peux pas. À chaque fois que je pense à Keisha, c'est comme si une grosse lumière rouge apparaissait au-dessus de sa tête, un panneau clignotant où s'afficherait le mot SECRET. Ça me torture.

Je parie que, si on était sœurs, elle me dirait tout.

**Après le déjeuner**

Nous avons encore répété nos textes. Keisha va auditionner pour Mme Higgins. C'est la mère du professeur Higgins : elle est gentille avec Eliza, et à la fin elle arrange tout. Je pense que Keisha sera vraiment bien dans ce rôle ! Elle est précisément le genre de personne qui arrange les choses avec ses amis.

Enfin, je *crois*. Avec ce secret qu'elle me cache, je finis par me demander si je connais VRAIMENT Keisha aussi bien que ça.

Bref, on s'est assises par terre et je me suis entraînée pour Eliza.

– He... eeh... ey !

– Plus fort, m'a conseillé Keisha.

– He... eeh... ey !

Elle s'est écroulée de rire, donc j'ai pensé que c'était bien !

Et, là, on a frappé à la porte. Oups, c'était Mme Brodie, la voisine de droite, et Mme Kapoor, la voisine de gauche. Qui venaient voir si tout allait bien, à cause de ces bruits terribles.

Mme Brodie s'est exclamée :

– On aurait cru les hurlements de la banshie[1], et croyez-moi, ce n'est pas quelque chose qu'on a envie d'entendre à mon âge !

Alors, après ça, j'ai travaillé tout doucement mon « C'te blague ! » Et Keisha a joué Mme Higgins en se moquant de son fils le professeur, ce qui était plutôt comique quand on sait comme il est désagréable avec Eliza !

### Après le départ de Keisha

« C'te blague » est vraiment une expression bizarre ! Je ne l'ai pas trouvée dans le dictionnaire. Mais j'ai trouvé « banshie ». Apparemment, c'est un fantôme qui hurle quand les gens vont mourir.

---

1. En Écosse ou en Irlande, la banshie est une fée ou une revenante dont les cris horribles annoncent une mort prochaine.

*C'te blague* !

*C'te blague* !

*C'te blague* !

Bill vient juste de monter pour savoir si j'avais besoin d'une pastille parce que j'avais l'air d'avoir drôlement mal à la gorge. N'importe quoi !

J'ai riposté par un mugissement :

– J'chuis une honnête fille, *mouaê* !

Il a vite déguerpi.

## Quinzième jour

**Lundi. Dont le nom vient de la lune.**

Aujourd'hui, quand je suis rentrée de l'école, j'ai trouvé Bill avec un homme armé d'une hache qui regardait le piano, une lueur meurtrière dans les yeux.

J'ai crié :

– Papa, tu ne peux pas ! Maman va être furieuse ! C'est un Bechstein !

L'homme a ajouté :

– Je croyais que c'était un piano, ha, ha.

Bill a murmuré, gêné :

– Mais, Bath...

– Eh bien, qu'il en soit ainsi, ai-je déclamé d'un air tragique. Si mon propre père peut se résoudre à dépecer le piano qui résonne encore de mes premières gammes. Bouhouhou ! Ô univers impitoyable !

Et j'ai tourné les talons en me Pavanant.

Arrivée sur le palier, j'ai tendu l'oreille. Bill n'a pas tardé à dire :

– Oh, et puis zut, le mieux est de continuer à faire avec...

Puis il est parti dans la cuisine avec l'homme à la hache, et je les ai entendus préparer le thé en discutant de football. Ha, ha ! Je le savais. Mon piano est sauvé !

**Plus tard...**

Apparemment, Bill a rencontré l'homme à la hache en prison !

C'était un homme d'affaires important dans le monde de l'import-export de gadgets, mais qui a pris de mauvaises décisions, à propos des impôts et d'un conteneur non déclaré de canards en caoutchouc...

**Après le dîner (petits pois sauce à la menthe et poulet rôti... Bill adore les livres de recettes de Bev)**

Nathan Hunderchunk vient de sonner ! C'est moi qui ai ouvert la porte parce que j'étais la plus près (assise sur le piano). Il portait les mêmes vêtements que la semaine dernière, j'en suis sûre, avec le jogging enfoncé dans les chaussettes.

– Oh, salut, ai-je soupiré.

Il est resté là à se balancer d'un pied sur l'autre, en ouvrant et en fermant la bouche, et il m'a dévisagée comme si j'étais Buckingham Palace ou je ne sais qui. Ça m'a rendue nerveuse ; c'est vrai, je ne veux plus de circuit imprimé ni de minuteur clignotant bizarre. J'ai crié :

– Je suis quelqu'un d'hyper occupé et, justement, j'allais sortir.

Et j'ai claqué la porte en remettant la chaîne.

## Seizième jour

**Mardi... journée vraiment épouvantable!**

Cher journal,

Je suis tellement contrariée que je ne sais pas par où commencer. Je me suis disputée avec Keisha !

Je ne sais même pas exactement comment c'est arrivé. Journal, est-ce que ça veut dire que nous ne sommes plus meilleures amies ? On ne peut pas se disputer avec une meilleure amie ! C'est avec ses ennemis qu'on se dispute !

Oh, est-ce que ça signifie que Keisha est mon ENNEMIE ?

Tout a commencé à se détraquer à l'heure du déjeuner. Je mangeais tranquillement ma salade quand Nathan est arrivé à pas de loup derrière moi et m'a plaqué ses écouteurs sur les oreilles !

C'était de la musique rap super forte, et je ne m'y attendais pas. J'ai fait un bond énorme, j'ai hurlé, puis je me suis mise à traiter Nathan de tous les noms en arrachant ses écouteurs, que je lui ai lancés à la figure. Il avait l'air si affolé et malheureux que je m'en veux, maintenant, mais honnêtement, cher journal, tu vois ce qu'il m'a FAIT ? Il est complètement *quacko* !

Et j'ai eu droit à une réflexion du surveillant, qui m'a ordonné de me calmer.

Mais tout ça n'est RIEN à côté de ce qui est arrivé au club Journal.

Dès le début c'était mal parti. Premier ennui : Keisha n'arrête pas de travailler avec Mlle Kinsey. Je sais bien que Mlle Kinsey est allergique aux ordinateurs et que Keisha doit tout le temps lui montrer où elle doit cliquer. Elles ont des choses à étudier ensemble, aussi. Puisque Keisha est la rédactrice en chef. Mais c'est tout de même casse-pieds d'aller à une activité avec ton amie si tu ne peux même pas lui parler parce qu'elle est tout le temps scotchée au professeur.

Alors j'ai essayé de transformer mon « interview » – pff ! – de Rafiq en article palpitant, mais c'était plutôt difficile parce que voilà : en fait, je n'aime pas le basket. Si seulement j'avais choisi quelqu'un d'autre sur qui écrire... Mais il était trop tard, et j'étais coincée avec Rafiq. Donc, pour dire la vérité, j'étais plutôt de mauvaise humeur.

Bref, Keisha, qui a ENFIN fini par me remarquer, s'est approchée pour me demander comment s'était passée l'interview.

– Pas terrible, ai-je répondu, agacée. Rafiq n'a pas été très coopératif ! Enfin, quoi ? S'il veut vraiment devenir un sportif célèbre, il faudra bien qu'il s'exprime devant les journalistes. Et dans ce cas, il devra trouver mieux que ses « Ouais », « Non », « Ch'sais pas, c'est cool ». Sinon, il ne sera pas très populaire... parce que, quand il parle, il est vraiment lourd...

– Il n'est PAS lourd, a soufflé Keisha, sauf que ça ressemblait plutôt à un cri. Tu ne le comprends pas, Bath, il est super cultivé...

Elle s'est arrêtée d'un coup, et je l'ai observée, stupéfaite :

– Mais c'est toi la rédactrice en chef, non ? (C'est tout ce que j'ai trouvé à dire.) Tu veux un bon article ?

En réalité, j'avais plutôt envie de riposter : « Comment ça, je ne le comprends pas ? ÉVIDEMMENT je ne le comprends pas. C'est un garçon ! » et « Pourquoi tu te mets à crier ? » Mais j'étais vraiment trop troublée pour ne pas bafouiller.

– Euh, oui, bien sûr, a marmonné Keisha. C'est juste que... ce n'est pas si simple... Oh non, Mlle Kinsey a encore planté l'ordinateur. Il faut que j'aille l'aider !

Et elle s'est sauvée en courant.

Après, j'ai travaillé avec Alicia. Et, pour être complètement sincère, j'ai été encore plus amicale avec elle parce que j'espérais que Keisha allait nous regarder. Elle penserait : *Ma meilleure amie est en train de s'attacher à quelqu'un d'autre, oh là là, je crois que je n'aurais pas dû me fâcher avec elle, je ferais mieux d'aller m'excuser.*

Seulement, ça ne s'est pas passé comme ça.

En fait, j'étais en train de rédiger mon article sur Rafiq avec Alicia, qui m'a demandé tout d'un coup :

– Bath, passe-moi ta main.

Je lui ai tendu ma main, un peu intriguée, et tu sais quoi, cher journal ? Elle a pris un Bic et m'a dessiné sur la peau un petit ange trop mignon !!!

(Note à l'attention de Mlle Kinsey : ça mérite plusieurs points d'exclamation ! De toute l'histoire de l'école, je compte parmi la petite poignée de personnes qui ont gagné cet honneur !)

Waouh !

J'étais très émue. Comme si j'avais été reçue dans un club très sélect.

Malheureusement, mon plaisir a duré à peu près trois secondes, parce qu'un grondement de colère au-dessus de ma tête m'a fait lever les yeux : Keisha se tenait derrière moi.

– Keisha ! Heu... coucou !

Elle a haussé les épaules, méprisante, et s'est éloignée comme une furie !

« Mesdemoiselles, du calme ! » a crié Mlle Kinsey quand Keisha a claqué la porte.

– Keish ? Keisha ?

Je me suis lancée à sa poursuite et je l'ai rattrapée dans le couloir :

– Qu'est-ce que tu as ?

– Quelle idiote, cette Alicia avec ses anges ! Oh, Bath, je t'en supplie, dis-moi que tu ne vas pas devenir son amie ! Je t'ai prévenue, tu te souviens ?

J'ai croisé les bras. Keisha est ma meilleure amie, mais je n'aime PAS DU TOUT sa manière de croire qu'elle sait toujours tout mieux que tout le monde. Je peux décider moi-même avec qui je veux être amie !

– Eh bien, si tu m'expliquais ce que tu lui reproches, je pourrais peut-être t'écouter !

– Tu ne peux pas me faire confiance ? Les amis se font confiance, normalement !

– Les amis n'ont pas de secret l'un pour l'autre, *normalement* ! ai-je répliqué.

Keisha est devenue cramoisie.

– Oui, je sais, je suis désolée, a-t-elle repris. C'est vraiment compliqué, Bath. Tu ne peux pas comprendre. Oh... si seulement je pouvais t'expliquer ! Mais je n'ai pas le droit !

Et là elle a tourné les talons et elle est partie !

Je ne veux pas me disputer avec Keisha !

Moi qui croyais que tout serait parfait si j'avais une meilleure amie. Je croyais qu'on serait tout le temps ensemble, à échanger des autocollants, à se faire des coiffures, à rire de plein de choses et à regarder *La Chronique du Dramarama.* Et puis, un jour, l'une de nous aurait un petit ami et on parlerait de ça aussi. Et plus tard, quand on aurait grandi et qu'on serait devenues toutes les deux Stars de Cinéma, on flânerait sur Sunset Boulevard en buvant des milk-shakes pleins de mousse, pour l'éternité !

Je me sens comme le *Titanic* juste après la collision avec l'iceberg.

Et maintenant je me demande si je dois effacer l'ange. Pourtant je n'en ai pas envie ! C'est vraiment un grand honneur... Tout le monde le dit, en tout cas !

Et Bill est très stressé parce qu'il n'a toujours pas d'entretien malgré ses lettres. Il refait son CV. Bev est en train de l'aider. J'ai entendu Bill lui demander avec ironie : « Voyons. Comment intégrer de façon positive une expérience de six années d'incarcération ? »

Je ne peux pas lui parler de Keisha et moi. Ce serait pour lui un souci supplémentaire.

Plus tard. Des pensées tristes s'accumulent dans ma tête. comme des nuages gris. Je sens que je vais pleuvoir – je veux dire pleurer.

C'est SA faute ! À cause de son secret. Elle devrait me le dire !

Mais, une seconde après, je pense exactement le contraire. Parce que, si c'était mon secret qu'elle gardait comme ça, je ne voudrais pas qu'elle le raconte.

Oh, je suis tellement malheureuse.

### Le soir

Nathan frappe à la fenêtre ! Il a un lecteur CD plein de diodes lumineuses, et il fait des bonds. Il est bien le seul fantôme d'oignon au vinaigre qui danse le rap ! Il porte encore ses grosses lunettes de soleil, même s'il fait presque noir dehors.

C'est très dur d'entendre ce qu'il dit parce qu'il marmonne, et la musique de son lecteur de CD est très forte et pleine de grésillements.

J'ai crié à travers la vitre :

– Ce n'est *vraiment pas* le moment, Nathan Hunderchunk !

### Dans mon lit

Je suis allongée là en pyjama, et je me sens totalement désespérée, à écouter au loin les jeunes qui font hurler les pneus de leurs voitures. Le matin, quand on descend sur le parking, il y a plein de marques noires sur le sol, là où ils ont fait les idiots.

Oh, je voudrais que maman me téléphone.

**Bien plus tard. Je n'arrive pas à dormir, je suis trop triste.**

À un moment j'étais si malheureuse que je suis descendue voir Bill. Il préparait mes sandwichs pour demain en écoutant les informations. Quand il m'a vue, là, debout, il a posé le couteau et la tomate et il m'a demandé :

– Bath, mon lapin, qu'est-ce qu'il y a ?

J'ai répondu :

– Je veux un câliiiiin, avec le *in* qui s'est mis à trembler et à vaciller très fort.

J'ai eu peur que Bill m'ordonne de ne pas être stupide et de remonter immédiatement me coucher, mais ce n'est pas ce qu'il a fait. Il a écarté les bras, j'ai foncé tout droit et il m'a fait un GROS câlin.

C'est la seule bonne chose qui me soit arrivée aujourd'hui.

## Dix-septième jour

**Mercredi**

Journée atroce, cher journal.

J'étais assise à côté de Keisha à tous les cours, et c'est terrible d'être assise à côté d'une personne à qui tu ne parles pas, quand tu ne sais pas si elle va t'adresser la parole et pourtant tu aimerais bien, sauf qu'elle ne le fait pas et qu'elle emprunte le crayon de quelqu'un d'autre plutôt que le tien, alors que d'habitude c'est toujours le tien qu'elle prend parce que tu es assise à côté d'elle, justement parce que tu es sa meilleure amie.

Enfin, que tu étais...

C'est comme quand tu te trouves à côté d'une clôture électrique : tu ne sais pas si tu vas prendre une décharge. Je n'arrivais pas du tout à me concentrer sur mon travail. Je ne pensais qu'à une seule chose : à quel point je souffrais de ne plus être amie avec Keisha. Je dessinais des gribouillages tristes sur mon cahier de brouillon et, quand Mlle Notman m'a demandé combien faisaient quatre fois quatre cents, j'ai répondu « Keisha » et toute la classe a ri, sauf Keisha. (En fait, ça pouvait bien être la bonne réponse, pour ce que j'en sais ; au-delà de cent, les chiffres ne veulent plus rien dire pour moi.)

En plus, tout le monde a remarqué que nous n'étions plus amies, ce qui est encore plus dur.

Alicia, par exemple, a déclaré à la récréation :

– Keisha n'est plus ton amie ? C'est bien son genre... Ne t'inquiète pas, je suis là !

Et elle m'a embrassée.

J'aurais tellement voulu que ce soit Keisha qui m'embrasse !

Et les auditions qui ont lieu demain... Je devrais m'entraîner, mais je suis trop triste.

Quelle importance que j'obtienne le rôle d'Eliza, si Keisha n'est plus mon amie ?

Quelle importance TOUT, si Keisha n'est plus mon amie ?

**Mercredi soir. Jour de Youpi et de Snif, dieux des visiteurs surprises!**

Natacha est venue, tout à l'heure !

Je n'arrive pas à le croire. J'étais tellement contente de la voir !

Elle est venue me garder ce soir pendant que Bill allait au cinéma.

J'étais si heureuse de la retrouver que j'ai jeté mes bras autour de sa taille et que j'ai dansé un tango, gauche, droite, en avant, par-dessus le canapé. Elle n'a fait aucune réflexion (sans doute parce qu'elle n'est plus notre gouvernante et qu'elle n'a plus à nettoyer...). Elle a seulement ri en s'exclamant :

– C'est génial de te voir, Bath ! Tu m'as manqué !

Cette star du rock pour qui elle travaille est apparemment incroyablement célèbre. Je n'avais jamais entendu parler de ce type, mais Bill s'est écrié : « Ah oui ? Pas possible ! » et il s'est mis à gratter comme un fou une guitare imaginaire en enchaînant des « Tada tada waaaaaawww » ridicules. Je me suis bouché les oreilles.

Les trois enfants du rocker s'appellent Han, Trillian et Skywalker. Il doit être assez *quacko*.

– Et votre recherche d'emploi, Bill ? s'est informée Natacha.

D'un coup, Bill a perdu l'envie de gratter sa guitare.

– Oh ça..., a-t-il murmuré.

Natacha est devenue soucieuse.

– Il faut Penser Positif, ai-je déclaré. C'est important. Je suis sûre que Bill va bientôt trouver un bon job !

Après le départ de Bill, j'ai répété quelques lignes de *Pygmalion* avec Natacha. Elle faisait le professeur Higgins et moi, Eliza. Mais ça m'a rendue triste parce que je n'arrêtais pas de penser que je ne répétais pas avec Keisha. Et que ça ne se produirait sans doute plus jamais...

J'ai interrogé Natacha :

– Entre amies, on n'a pas de secret, n'est-ce pas ?

Elle a répondu :

– Normalement non, mais cela peut arriver, parfois.

Puis elle m'a regardée intensément et elle a repris :

– Je suis passée chez Bev cet après-midi. Keisha avait le cafard, elle aussi. Vous vous êtes disputées, c'est ça ?

– Un peu, ai-je avoué tristement.

– Allons, ne t'inquiète pas, ma chérie. Ce sont les choses de la vie, tout n'est pas toujours rose. Je suis certaine que vous allez finir par vous réconcilier.

J'aurais pu continuer à lui parler, mais maman a appelé pile à ce moment-là. Quand elle a appris que j'étais avec Natacha, elle s'est complètement hérissée :

– Très bien. Où est ton père ? Il est sorti ? Bravo pour son sens des responsabilités !

Elle a voulu discuter avec Natacha, alors je la lui ai passée et, après, j'ai écouté derrière la porte. J'ai entendu Natacha raconter à maman ce que j'avais mangé au dîner et non, je n'avais pas regardé la télévision ce soir. Puis Natacha a dit très calmement :

– Madame de Trop, je ne suis plus à votre service, vous savez.

Il y a eu quelque chose dans le ton de sa voix, je ne sais pas quoi, cher journal, mais j'ai compris instantanément : « Maman et Natacha ne s'aiment pas. »

C'est étrange : j'ai vécu six années de ma vie avec elles deux dans la même maison sans jamais le remarquer. Il a fallu que maman parte en Amérique, et Natacha à Richmond, pour que ça devienne soudain parfaitement évident.

Je sais que maman est plutôt autoritaire. Et, d'un autre côté, ça doit faire drôle d'avoir quelqu'un qui fait marcher toute ta maison à ta place.

Intéressant, cher journal. Ça me donne même une idée pour les auditions de demain. J'ai envie d'essayer le rôle de Mme Pearce, la gouvernante. Je renonce à jouer Eliza, parce que l'accent cockney d'Alicia est vraiment trop bien. D'ailleurs, je connais déjà quelques répliques de Mme Pearce.

Et puis l'homme à la hache est arrivé, il voulait voir Bill, alors on l'a fait entrer et il a pris une tasse de thé avec nous.

Il s'avère qu'il connaît bien l'accent cockney parce que sa grand-mère était de Bow. Il peut faire un très bon « c'te blague ! » (pourtant, il n'est pas aussi fort au « Ee... eeh... ey ! » : je crois qu'il faut une voix de fille pour ça).

Quand Bill est revenu et que Natacha a dû partir, avec son manteau et son sac, j'ai eu une grosse boule dans la gorge, avec une envie de me retrouver comme au bon vieux temps, quand elle était presque toujours là. Et ce n'était pas seulement à cause de cette horrible dispute.

Tu imagines à quoi ça ressemble, d'être à cheval entre deux maisons ? Tu ne sais pas si tu as le mal du pays à cause de l'ancienne maison, ou si tu préfères que la nouvelle se dépêche de devenir familière pour que tu t'y sentes chez toi.

Bon, tu ne peux pas comprendre.

Mais c'est comme ça que je suis, *moi*, en ce moment.

## Dix-huitième jour

**Jeudi... jour des auditions pour *Pygmalion*!**

Aujourd'hui Bill m'a réveillée très tôt.

– Pôle Emploi a appelé ! m'a-t-il annoncé. J'ai un entretien demain ! Ce n'est pas trop tôt ! Enfin quelqu'un qui veut bien me donner une chance !

– Génial ! ai-je répliqué en bondissant hors de mon lit. Pour faire quoi ?

Je m'attendais à ce qu'il réponde « pilote », « skieur acrobatique » ou quelque chose de cet ordre-là... Pas « Service Clientèle »... Oh... Tant pis.

Je me dirigeais vers la salle de bains quand je me suis souvenue que les auditions avaient lieu aujourd'hui ! Mais je n'ai pas eu le temps de sauter de joie parce que je me suis rappelé aussi que Keisha et moi, on ne se parlait toujours pas, et toute mon excitation s'est transformée en abattement. Comment passer une audition sans les encouragements de sa meilleure amie ?

**Juste après le petit-déjeuner**

Oh, cher journal !

J'ai regardé par la vitre de ma chambre en direction de l'immeuble de Keisha, et j'ai vu une grosse bannière suspendue à sa fenêtre.

C'était écrit : PARDON, BAT

Elle a manqué de place pour le H, mais je comprends le message.

Je vais chez elle tout de suite.

**Récréation**

Je me suis réconciliée avec Keisha. Et j'ai effacé l'ange sur ma main. Elle est tellement gentille d'avoir attaché la bannière à sa fenêtre !

Mais elle ne veut toujours pas que je sois amie avec Alicia.

J'ai pourtant insisté :

– Écoute, Keisha, je ne trouve pas logique de ne pas être amie avec Alicia, juste parce que tu dis qu'elle a fait un truc secret que tu ne veux même pas me raconter. Elle a toujours été sympa avec moi.

– Tu es sûre, Bath ? Elle n'aurait pas cherché à te flatter, plutôt ?

Keisha me dévisageait avec une grande intensité.

Je me suis tortillée, gênée.

– Tout le monde l'aime, ai-je répliqué.

Keisha a poussé un soupir :

– Bath, je sais que je ne suis pas une très bonne amie en ce moment...

J'ai vu qu'elle était sur le point de fondre en larmes.

– Mais si, tu es une amie super !

– Non, ce n'est pas vrai, je le sais. J'en suis désolée ! Mais c'est parce que j'essaie d'être aussi une bonne amie pour quelqu'un d'autre...

– Oh !

Ça m'a refroidie. Le quelqu'un d'autre au secret, j'imagine...

Mais qui est-ce ? Est-ce que Keisha l'aime plus que moi ?

Oh, mon cher journal.

Je ne veux pas être une autre meilleure amie !

Je veux être LA meilleure amie !

Je vais arrêter de penser à ça, maintenant. J'ai un texte à réviser pour mon audition.

Penser Positif, Penser Positif, Penser Positif !

**Plus tard. Toujours pas d'orage. Jupiter malade ?**

L'audition de Keisha s'est très bien passée. Elle est si bonne actrice ! Elle a vraiment réussi à me faire croire qu'elle avait l'âge de Mme Higgins ! Elle est tellement digne.

Je parie que tu te demandes aussi comment s'est passée mon audition. Eh bien, elle ne s'est pas passée du tout, parce qu'il y a eu plus de candidats que prévu, et finalement on a manqué de temps. Alicia et moi allons auditionner demain à l'heure du déjeuner. J'avais décidé de tenter Eliza, mais j'ai des hésitations, maintenant qu'il ne reste plus que moi et Alicia, qui est si bonne avec son accent cockney. Ce serait tellement gênant si tout le monde se moquait de mon accent. Je devrais vraiment essayer la gouvernante...

Le problème est que je n'arrive pas à m'imaginer dans ce rôle. Alors que je me vois très bien en Eliza. Honnêtement, je crois que je sais ce qu'elle ressent, toute glacée et trempée en train de vendre ses fleurs... quand elle plaisante et déclare très fort que ça lui est égal d'être dehors dans le froid et sous la pluie... tout en rêvant que son père s'en préoccupe... et plus tard, quand le professeur Higgings est si brutal avec elle... et enfin quand elle est si nerveuse à l'idée de devoir se comporter comme une princesse pendant le bal...

Mais je n'aurai jamais le rôle d'Eliza. Alicia connaît déjà tout le texte par cœur.

**Après le dîner. Je n'arrive toujours pas à me décider pour mon rôle!**

Et si je faisais un peu de ménage, pour savoir ce qu'on ressent quand on est employée de maison ?

Voilà, je vais faire une lessive ! Ça, c'est super cool ! Je ne l'ai jamais fait, et ça aidera Bill... Il a besoin de chemises propres pour son entretien de demain.

**une demi-heure plus tard**

Waouh... si tu mets une chaussette rouge avec des affaires blanches, des chemises par exemple, tout devient rose ! Tu savais ça, toi ? Comme une machine à fouetter le jus de framboises dans la chocolaterie de Willy Wonka.

Je crois que je vais teindre en rose toutes nos affaires blanches, juste pour voir. Et je les relaverai après. Ha, ha, ha...

**Plus tard**

ON NE M'AVAIT PAS DIT QUE C'ÉTAIT IRRÉVERSIBLE !!!

## Dix-neuvième jour

**Vendredi... mon vrai jour d'audition!**

Oh, cher journal !

Toutes ces émotions qui s'emmêlent, aujourd'hui, et ce n'est même pas l'heure du petit-déjeuner !

Je me suis réveillée tout excitée à cause de mon audition. Puis j'ai vu Bill qui se dépêchait de se préparer et je me suis souvenue de son entretien, alors je me suis réjouie pour ça aussi... et là j'ai vu sa chemise ROSE, et je me suis sentie AFFREUSEMENT COUPABLE ! Bev dit que les chemises roses sont très à la mode en ce moment, et que ça va lui donner l'air Dynamique et Motivé. J'espère qu'elle a raison ! Oh, POURQUOI ai-je voulu faire une lessive ?

**Juste avant l'audition**

Aïe ! j'essaie de me rappeler mon texte... Je vais tenter le rôle d'Eliza, finalement. Keisha m'a persuadée de le faire :

– Tu es bien meilleure que tu ne le crois, Bath ! L'accent ne fait pas tout.

De toute façon, je ne suis pas taillée pour jouer une gouvernante. Tu as vu les chemises...

Nathan Hunderchunk n'arrête pas de fureter autour de moi avec la caméra de l'école. Je sais bien que c'est juste parce qu'il doit le faire et qu'il essaie de réaliser des vidéos de nous tous pour les dossiers de candidature du Dramarama, mais il me rend nerveuse ! J'ai toujours peur qu'il se remette à danser le rap.

*C'te blague !*

**Après l'audition**

Je crois que j'ai un peu raté.

Je me suis vraiment appliquée, pourtant. J'ai bien pensé à quel point c'était horrible, pour Eliza, que tout le monde rie de son accent et qu'elle ne comprenne pas pourquoi. Et qu'on lui dise qu'elle sent mauvais et qu'elle a besoin de prendre un bain. (Je sais, c'est super cruel !) J'ai cherché ce qu'on peut éprouver quand on est complètement nouvelle et pas à sa place, et qu'on doit apprendre un nouvel accent difficile, et qu'on s'efforce malgré tout de Penser Positif. Mais je revoyais sans cesse le visage de Bill, son expression quand il avait découvert que toutes ses chemises étaient devenues roses et qu'il n'y avait plus rien à faire contre ça...

Alicia a été ÉBLOUISSANTE (dictionnaire analogique : « brillante, étincelante »). Elle se démenait en bondissant partout sur la scène et elle a fait un très bon accent cockney. J'ai applaudi avec tous les autres, et je me réjouis pour elle, mais en fait je ne suis pas sûre qu'elle sache très bien ce qu'on *ressent* quand on est Eliza. Elle n'arrêtait pas de regarder le public et elle souriait trop.

Je veux dire : si j'étais Eliza, je ne crois pas que je serais si confiante et sautillante. Eliza n'a pas d'argent pour s'acheter de nouveaux vêtements. Et pas d'argent pour faire nettoyer ceux qu'elle a. Donc, elle sent mauvais. Et moi, par exemple, si je n'avais pas mon uniforme d'école propre, parce que voilà, la machine à laver s'est cassée quand j'ai poussé deux boutons à la fois en voulant laver le rose de nos vêtements, j'éprouverais la même chose qu'Eliza. Je me dirais que je sens mauvais et que je suis affreuse.

Je ne serais pas légère et sûre de moi comme l'a été Alicia.

– Très bien, Alicia ! a reconnu M. Trucillo.

Puis il a ajouté :

– Mais essaie de comprendre davantage le personnage. Oublie un peu le public.

Alicia a eu l'air abasourdie.

– Tout le monde riait ! s'est-elle écriée, furieuse.

– Peut-être, mais la pièce n'est pas seulement comique, tu sais. Elle est triste aussi. Je crois que Bathsheba l'a compris... Si on l'écoutait faire quelques essais ?

Alicia l'a dévisagé et a quitté rageusement la scène. J'ai essayé de lui dire quelque chose de gentil quand elle est passée près de moi, mais ses Anges m'ont repoussée.

**Après l'école. Un peu déçue à cause de l'audition qui ne s'est pas bien passée...**

J'ai relu la fin de la pièce. Je pense TOUJOURS qu'Eliza et le professeur Higgins devraient se marier ! C'est ce qui doit arriver dans les comédies romantiques !

J'ai confié à Bill à quel point j'aurais aimé que la pièce finisse bien. (Il est de très bonne humeur parce que l'entretien s'est bien déroulé, et... devine quoi... l'employeur portait aussi une chemise rose – lui, c'était fait exprès ! Donc Bev avait raison... HOURRA !)

Bill m'a expliqué :

– Mais, Bath, il y a aussi un film, tu sais. On va aller l'emprunter au vidéoclub et le regarder ce soir, d'accord ?

– Pff, comme si j'avais envie de regarder un film qui ne finit même pas bien !

– Le film est très différent de la pièce. Il s'appelle *My Fair Lady*. Je crois que tu vas l'aimer ! En plus, ça me distraira en attendant la réponse pour le poste.

Bill est donc sorti pour louer *My Fair Lady*, et aussi pour inviter Bev et Keisha.

D'accord. C'est toujours mieux que les devoirs !

**Après le film**

Cher journal,

J'ADORE *My Fair Lady* !

C'est carrément le meilleur film du monde !

Il y a des chansons ! Il y a des danses ! Il y a des chapeaux étonnants, incroyables, GÉANTS ! Noirs, blancs et ROSES ! Avec des plumes, des rubans et des nœuds extraordinaires !

Il y a des costumes absolument merveilleux, des robes de Stars de Cinéma, et le professeur et Eliza tombent amoureux à la fin ! C'est drôlement plus amusant que la pièce.

Et... Eliza est sublime. Donc, je suis sûre que je n'aurai pas le rôle. En fait, il n'y a aucune fille assez jolie dans toute l'école, et peut-être même dans le monde entier, pour être Eliza. Elle porte une tiare et une robe vaporeuse, et les Membres de la Famille royale sont Stupéfiés par Sa Grâce.

Il y a des moments drôles, des moments avec de l'amour, et d'autres qui font pleurer. Il y a des chansons légères, des chansons tristes et des chansons pour danser. Des tonnes de chansons ! Keisha et moi sommes en train d'apprendre par cœur les plus belles. Ça faisait longtemps que je n'avais pas passé une aussi bonne soirée. On a commencé à se fabriquer des chapeaux avec du carton !

– On peut peut-être changer *Pygmalion* en *My Fair Lady* ! ai-je proposé, tout excitée. Je pourrais jouer exactement comme Eliza dans le film, et toi comme Mme Higgins, et on rendrait la pièce comique. On pourrait chanter aussi...

– Oh, j'ESPÈRE que tu seras Eliza ! a dit Keisha. Tu la ferais si bien !

Mon cœur s'est serré. J'avais presque oublié que je n'avais pas encore obtenu le rôle, et que je ne l'aurais sans doute pas.

– Ce sera sûrement Alicia, ai-je répondu.

– Alors, il nous reste le Dramarama ! a dit Keisha.

Eh oui, cher journal ! J'ai constitué un très bon dossier de candidature. Mlle Kinsey m'a beaucoup aidée. J'ai une lettre de motivation fantastique, maintenant. Qui explique plein de choses sur ce que je pense vraiment du théâtre, sur ma façon de travailler en équipe et comment je rebondis après un échec, si je rate une audition...

Je suis dans tous mes états, rien que d'y penser !

## Vingtième jour

**Samedi**

**Le matin**

L'homme à la hache a réparé la machine à laver ! Youpi !

**L'après-midi**

J'ai demandé à Bill ma carte bancaire, parce que je voudrais lui acheter quelques nouvelles chemises, cher journal. (Je ne crois pas qu'il aime beaucoup le rose.) Les magasins ne sont pas loin. J'y suis allée à pied.

Nathan Hunderchunk était tapi dans le rayon hommes du magasin. Il devait s'acheter de nouvelles chaussettes ! Où que j'aille, il n'arrête pas de surgir derrière moi. J'ai fini par aller me cacher dans les cabines d'essayage.

Juste au moment où j'en ressortais, j'ai aperçu Alicia avec son père qui la réprimandait :

– Tiens-toi droite ! (Il lui enfonçait le doigt dans le dos.) Comment veux-tu être prise au sérieux si tu te tiens comme ça ?

Incroyable... Et moi qui trouvais Bev sévère !

Alicia avait l'air MALHEUREUSE. J'ai décidé de ne pas lui dire bonjour. Je me sens un peu mal à l'aise avec elle depuis les auditions.

## Vingt et unième jour

### Dimanche

Cher journal,

Je sais que ça peut paraître bizarre, mais je crois que Nathan Hunderchunk me suit ! J'y ai pensé toute la semaine, je vois des chevilles noires et maigres disparaître à tous les coins de rue. Même à l'école, à chaque fois que je me retourne, il est là. Toujours la bouche ouverte comme une grenouille en train de *glupser*.

Quand je lui demande : « Qu'est-ce qu'il y a, Nathan ? Qu'est-ce que tu veux ? », il fait une sorte de coassement en me regardant fixement :

– Je... je... veux te...

Et puis il se sauve en courant.

**Dimanche soir...**

Nathan a glissé un mot sous la porte !

Voilà ce qu'il a écrit :

Chère Bathsheba,

Je suis désolé de t'avoir fait peur mardi à la cantine avec ma musique. Je voulais juste te faire écouter un air de rap que j'ai composé spécialement pour toi.

Pourquoi pour moi ?

C'est vraiment *quacko*, cher journal !

## Vingt-deuxième jour

**Lundi après-midi... J'écris en anglais... enfin, pas en anglais (la langue)... je veux dire : j'écris en français mais pendant le cours d'anglais... sous ma table... Je suis tellement excitée !**

Cher journal

AAAAAAH !!!!!!!!!

Ou plutôt HE... EEH... EY !!!!!!

Je n'arrive pas à y croire !!!

Je vais jouer Eliza !!!!!!

*Yes !!!!!!*

Je le sais seulement depuis le déjeuner. J'étais assise à la cantine en train de manger mes sandwichs, quand j'ai entendu Keisha crier dans le couloir. Elle a foncé sur moi en bousculant les sixièmes comme un vulgaire jeu de quilles et m'a saisie par les épaules :

– Tu l'as eu ! Tu l'as eu !

– J'ai eu quoi ? J'ai eu quoi ? Une exclusion ? Une colle ?

– Nonnn ! Le rôle !

Pendant une minute, je n'ai pas compris de quoi elle parlait. Keisha m'a secouée dans tous les sens pour m'agiter la cervelle :

– Tu vas jouer Eliza !

– NON !

– Si

– Et toi, tu seras qui ?

Cher journal, une peur affreuse m'a serré le cœur. Si jamais Keisha n'avait pas de rôle ? J'ai pensé : *Je vais aller voir M. Trucillo et lui dire que je ne veux pas être Eliza s'il ne donne pas aussi un rôle à Keisha ! Je vais lancer une pétition dans* La Gazette de Clotborough *pour qu'elle ait un rôle !* Mais j'avais tort de m'inquiéter.

– Oh, je serai une marchande de fleurs, m'a-t-elle répondu en souriant. En fait, j'ai eu le rôle de Mme Higgins, mais j'ai dit que je préférais être une marchande de fleurs, parce que j'ai tellement d'autres trucs à faire que je ne sais pas si j'aurai le temps d'apprendre correctement mon rôle.

– Oh, Keisha, c'est vraiment une réaction très adulte ! Ça ne t'ennuie pas ?

Elle a éclaté de rire :

– D'accord, l'idée est de maman. Mais c'est vrai que j'ai beaucoup de choses à faire. Et puis j'ai déjà eu le premier rôle l'année dernière ! (Elle m'a serrée dans ses bras.) Alors, à toi cette fois ! YOUPI !

Et, pour fêter ça, on est parties comme des folles en dansant dans le couloir. Quand on a croisé Hannah Lumb, on a vite fait demi-tour et on a dansé en sens inverse jusqu'à une salle de classe, où Mlle Notman est entrée en criant :

– Ho, les filles, ça va ?

Alors on a dû s'arrêter.

Mais ahhhh ! AHHHH ! Je vais jouer Eliza !

CÉLÉBRATION, FIESTA, CARNAVAL ET AUTRES MOTS POUR RÉJOUISSANCE !

J'ai téléphoné à la maison avec le portable de Keisha. Bill a hurlé presque aussi fort que moi. Bev nous prépare un dîner spécial grand soir, pour moi, Keisha, papa et elle ! Plats jamaïcains (miam) et anglais (frites et haricots). On va faire la fête !

Et il y a encore MIEUX ! M. Trucillo m'a fait venir dans la salle informatique juste avant la fin du déjeuner pour me dire :

– Bath, il faut que tu voies ça.

Oh, cher journal. Nathan Hunderchunk a réalisé la plus IMPRESSIONNANTE vidéo de moi pendant l'audition !

Il y a toutes sortes d'effets de lumière, là-dedans. J'ai l'air d'une vraie actrice ! Il a fait des plans rapprochés, des fondus, des zooms arrière...

– J'ai l'air d'une Star de Cinéma ! ai-je murmuré.

– Nathan a fait un du bon travail, n'est-ce pas ? Il a repéré tes qualités.

M. Trucillo souriait.

Oh, cher journal, j'ai envie de courir retrouver Nathan pour lui dire MILLE FOIS MERCI, mais il n'est pas à l'école aujourd'hui. Soudain, je pense à tous les jours où il a manqué l'école, et où je ne me suis jamais demandé pourquoi, alors qu'il habite en face de chez moi. Je me contentais de le trouver *quacko*.

Je me sens coupable maintenant. Je n'ai pas été une très bonne amie pour Nathan. J'espère qu'il va bientôt revenir à l'école, comme ça je pourrai le remercier pour de vrai ! J'irais bien frapper chez lui... mais je n'ose pas, pas avec Jason.

**Plus tard... j'écris pendant les maths... sous la table... toujours très excitée!**

Je vais peut-être obtenir une place pour le stage du Dramarama, maintenant ! Je ne veux pas être refusée et rester ici toute seule si Keisha y va ! (Parce que je SAIS qu'elle sera prise... Elle est un génie du théâtre !)

**Plus tard... en sciences... sur ma table... moins énervée, un peu inquiète...**

Oh-oh, cher journal,

Alicia n'est PAS contente que j'aie eu le rôle.

Elle est venue vers moi dans la cour pendant la récréation de l'après-midi, et elle m'a souri, mais c'était une sorte de sourire plaqué sur la figure comme un masque de carnaval.

Elle a ouvert le feu sans attendre :

– Bravo, Bath. Bien sûr, je ne veux pas penser que M. Trucillo a été influencé, mais avoue que la célébrité ouvre pas mal de portes !

– C'est ça ! a riposté Keisha. Bath a eu le rôle parce qu'elle a été bonne !

– Toi, tu ferais mieux de te taire, l'a coupée Alicia. Tout le monde croit que tu es parfaite, mais je sais bien que c'est faux !

– Euh... peut-être qu'on pourrait être amies, toutes les trois ! ai-je bafouillé, pleine d'espoir. C'est un bon nombre, trois !

– Oh, tu n'as pas envie d'être amie avec une petite chose comme moi, a minaudé Alicia avec un nouveau sourire plaqué. Maintenant que tu es la star de *Pygmalion*...

– Si, bien sûr que j'en ai envie !

– Oh non !

– Si !

– Non.

– Mais si...

– Oh, boucle-la, Bathsheba !

Elle m'a jeté ça à la figure, puis s'est éloignée Raide Indignée.

Je n'ai pas encore essayé la Démarche Indignée. Je n'ai jamais été assez en colère pour ça.

– Laisse tomber, Bath, m'a consolée Keisha. Tu vas jouer Eliza ! C'est génial, non ?

Je lui ai répondu par un petit sourire tremblé qui s'est élargi ensuite, parce que OUI ! je vais jouer Eliza !

J'ai hâte d'être à la maison pour la grande fête avec Bev et Bill.

**À la maison. Où tout est allé de mal en pis.**

À la seconde où je suis rentrée avec Keisha, j'ai su qu'il s'était passé quelque chose. Le salon était à moitié décoré comme pour une fête, mais tout était trop calme.

– Coucou ? ai-je appelé, nerveuse.

Bev est sortie de la cuisine, visiblement très contrariée.

– Oh, les filles, a-t-elle soupiré.

Et elle m'a embrassée MOI, à la place de Keisha !

– Maman ? a murmuré Keisha, effrayée.

Bev a seulement répondu :

– Bath, va vite dire un petit mot à ton père, ma chérie. Il est à côté.

Keisha m'a lancé un regard affolé. J'ai bien compris qu'elle était aussi inquiète que moi.

– Il est arrivé quelque chose ?

Ma voix s'est mise à vaciller. Cher journal, j'ai tout de suite pensé à MAMAN loin de l'autre côté de l'Océan, et je me suis précipitée dans le salon avec le cœur qui faisait *panique panique* dans ma poitrine.

Bill était assis dans le canapé, l'air très, très malheureux :

– Ah ! Bath... Bravo !

Il essayait de sourire.

– Qu'est-ce qu'il y a ? lui ai-je demandé.

– Oh, ce n'est rien...

– Papa !

– Je vais bien, ma chérie. Je n'ai pas été retenu pour le poste, c'est tout.

Une vague de soulagement m'a submergée, parce que ce n'était pas maman qui était malade, mais une autre vague l'a suivie, immense et pleine de tristesse pour Bill...

Cher journal, j'ai réussi mon audition. Mais Bill n'a pas réussi la sienne !

– C'est à cause de la chemise rose, c'est ça ? l'ai-je questionné en sanglotant. C'est ma faute !

– NON, Bath, a-t-il répondu, avec une telle fermeté que je l'ai cru pour de bon. Si tu veux savoir, il s'agit d'une chose pour laquelle tu ne peux rien du tout... Une chose qui est uniquement ma faute et qui n'a absolument rien à voir avec toi !

Je souffre tellement pour lui, cher journal. Il essaie d'être joyeux, mais c'est tellement évident qu'il ne l'est pas. Vraiment.

Je lui ai préparé une tasse de thé. Il a souri d'un air las en chuchotant :

– Tu es mon étoile, Bath. Merci.

Après, je me suis assise à côté de lui sur le canapé et on a regardé tous les deux le tapis. J'ai essayé de trouver les bons mots, mais, cher journal, qu'est-ce qu'on PEUT dire ?

C'est si injuste.

Il s'est donné tant de mal.

Sûr que c'*était* à cause de la chemise rose. Je suis vraiment nulle, archi nulle !

Pauvre, pauvre Bill.

L'ambiance était si peu à la fête que Bev et Keisha ont fini par repartir. Bev m'a embrassée, et Bill m'a tapoté l'épaule. Keisha m'a prise dans ses bras, ensuite elle a comme hésité, et puis elle a embrassé Bill. Il a paru très surpris, mais je trouve que c'était SUPER ADORABLE de la part de Keisha.

Je suis allée m'asseoir sur le perron pendant que Bill prenait un bain pour se changer les idées. J'ai vu la fameuse silhouette noire et blanche, et Nathan Hunderchunk est venu s'installer à côté de moi.

Il a *glupsé* un peu, comme s'il voulait dire quelque chose mais qu'il n'osait pas. Je me suis vite rappelé que je n'avais jamais été très aimable avec lui. Et ça m'a rendue encore plus malheureuse, cette culpabilité.

– Oh, Nathan ! ai-je gémi. (En réalité, je crois que j'ai même sangloté.) Merci de m'avoir si bien filmée pendant que je jouais. M. Trucillo m'a montré ta vidéo. Elle est géniale !

Il est devenu tout rouge et tout content. Je crois qu'il aime être remercié, parce qu'il a réussi à me parler correctement après ça. Sans avoir l'air de penser que j'allais lui arracher la tête.

– Ça va ? m'a-t-il demandé timidement.

C'était gentil, cher journal.

– Mon père a raté un job, lui ai-je expliqué.

– Oh, mon père rate toujours les jobs, m'a-t-il répondu. Ça ne le dérange pas, il va au café et c'est tout.

J'ai réalisé que je n'avais jamais vu les parents Hunderchunk.

– Où est ton père ?

Il a haussé les épaules.

– Mon frère s'occupe de moi la plupart du temps. Il a vingt et un ans, alors c'est un adulte.

Maman travaille et papa n'est pas souvent dans le secteur.

Je suis restée sans voix, cher journal. Pauvre Nathan ! J'ai eu envie de lui raconter que maman n'était presque jamais là non plus, et que je n'avais pas eu de père pendant des années, mais... je ne sais pas. Les mots étaient tout simplement trop gros pour sortir.

Alors, pour chasser mon chagrin, j'ai pris un ton plein de reconnaissance et j'ai changé de sujet :

– Merci beaucoup pour la vidéo. Elle est magnifique.

Il a encore rougi.

– Est-ce que..., a-t-il commencé. Est-ce que tu voudrais bien... si tu n'es pas trop occupée... j'imagine que tu es très occupée... parce que tu es spectaculaire... enfin...

– Nathan, où veux-tu en venir ?

– Oh, je me demandais seulement si un jour tu n'aurais pas envie de...

Et là le téléphone s'est mis à sonner dans la maison et Bill a crié d'en haut : « Bath, tu peux décrocher, s'il te plaît ? »

C'était maman. Quand je suis ressortie, Nathan était parti.

## Vingt-troisième jour

**Mardi. On avait club Journal aujourd'hui... Mais je ne me suis pas amusée du tout. J'étais trop occupée à me faire du souci.**

Cher journal,

Je suis très inquiète pour Bill. Il reste assis la tête dans les mains. Il n'est pas passé à Pôle Emploi aujourd'hui. Rien ne paraît le réconforter.

Et deux nouvelles factures sont arrivées ce matin. Je ne savais pas qu'il fallait payer pour l'eau. Je ne comprends pas pourquoi personne ne l'embauche !

Il est génial !

Oh, si seulement je n'avais pas essayé la machine à laver...

**Après l'école**

Je devais réviser mon texte pour Eliza, mais je n'ai vraiment pas pu... Je m'inquiétais trop pour Bill.

Je gâche toujours tout. Je suis sûre que la *roseur* de sa chemise a joué, pour son entretien. Même s'il n'arrête pas de me répéter que je dis n'importe quoi.

**Après le dîner**

Bev est passée ici ce soir. Elle a parlé avec Bill dans la cuisine. Quand je suis entrée ils se sont tus brusquement, mais je venais d'entendre Bill suggérer : « Je devrais peut-être préparer un autre diplôme, ça m'aiderait. » Et Bev lui avait répondu : « Mais, Bill, où trouverais-tu l'argent ? »

Je suis intervenue aussitôt :

– Maman pourrait t'en donner.

– Non.

C'était un non très définitif.

J'ai insisté :

– Tu pourrais prendre le mien, sur le compte bancaire que maman m'a laissé.

– Non, Bath, mais merci beaucoup pour ton offre.

Ça, il l'a dit d'une voix différente, plus douce. Malgré tout, le non était encore très ferme.

## Vingt-quatrième jour

**Mercredi. En réalité, il faudrait écrire mercreux-di, pour les mauvais jours. Ce serait bien mérité, parfois... Après le dîner**

Cher journal. J'ai regardé un film à la télévision. Qui s'appelle *Le Dernier Job*. C'est l'histoire d'un voleur de banque qui veut se ranger, mais qui doit aller à l'université, pour trouver du travail. Il a besoin d'argent pour l'inscription. Et, là, un de ses vieux complices lui propose des milliers et des milliers de dollars, à condition qu'il l'aide pour son Dernier Job... le cambriolage de Fort Knox[1], en fait.

Bill ne regardait pas le film, il lisait le journal dans la cuisine, alors je me suis approchée et je lui ai demandé :

– Bill, si quelqu'un t'offrait des milliers et des milliers de dollars, tu les prendrais ?

– Si je les prendrais ? Mon Dieu, oui.

Il a agité le journal devant moi – il y avait un article sur David Beckham.

– Regarde le paquet de fric que se fait ce type-là, juste pour taper dans un ballon. Le monde est devenu fou.

---

1. La base militaire américaine de Fort Knox abrite la réserve d'or des États-Unis. Elle contiendrait actuellement 4 570 tonnes de lingots d'or, conservés dans une chambre forte d'acier et de béton !

– Même si, pour ça, tu devais faire Le Dernier Job ?

– N'importe quel boulot idiot m'irait, en ce moment. Pourquoi ? Tu penses à quelque chose ?

J'ai couiné : « Non » et je me suis envolée à l'étage, par-dessus le piano, *plink-plonk, plink-plonk.*

## Vingt-cinquième jour

**Jeudi. Tiens, un éclair, enfin !**

Aujourd'hui, Keisha et moi sommes arrivées au club Théâtre avec les chapeaux que nous avons fabriqués nous-mêmes ! Et nous avons chanté des airs de *My Fair Lady*, très doucement, tout en faisant sur scène nos exercices d'échauffement.

Au bout d'un moment, M. Trucillo s'est approché de nous, amusé :

– D'accord les filles. J'ai compris. Mais vous

savez, des décors et des costumes comme ceux du film, ça représente beaucoup de travail...

– De quoi parlez-vous ? a grogné Alicia. Et pourquoi elles n'arrêtent pas de chantonner comme ça ? Elles ont l'air stupides !

Mais nous n'avons pas fait attention à ce qu'elle disait, parce que M. Trucillo a déclaré que, si on voulait, on allait tous regarder *My Fair Lady* et voir si on préférait jouer *Pygmalion* de cette manière-là. Il est parti emprunter le film au CDI – en fait, c'est un film très célèbre ! – et on l'a regardé ensemble.

Il n'a pas fallu plus de cinq minutes pour que tout le monde se torde de rire, même les garçons, et pour que M. Trucillo nous demande de nous calmer.

Nous aurons donc des chapeaux et des robes vaporeuses, si nous sommes prêts à les réaliser nous-mêmes pendant nos jours de congé, et nous pourrons chanter les chansons, si M. Trucillo obtient du professeur de musique qu'il nous accompagne au piano ! Hourra pour *Pygmalion* !

Mon seul problème est que Keisha ne veut TOUJOURS pas me montrer ses mouvements de majorette ni me laisser venir regarder son entraînement du samedi matin. Je ne sais même pas si elle a réussi la sélection. C'est très contrariant, cher journal. Je ne comprends pas pourquoi elle est si *quacko* avec ça ! Elle m'a appris à jouer aux échecs, je suis allée un jour la voir à l'escrime (ce qui était vraiment super !). Elle me montre tout et elle partage tout, alors POURQUOI pas les majorettes ?

Ou alors elle est carrément nulle et elle est gênée ? Mais elle sait bien que je m'en moque. En plus, elle est forte en tout ! Même en secrets à garder...

## Vingt-sixième jour

**Vendredi. À midi, des frites!**

Cher journal,

Je travaille tellement dur sur mon dossier de candidature Dramarama ! C'est bientôt la date limite. J'ai préparé sur ordinateur un fichier de toutes mes photos et vidéos (merci Nathan), et j'ai écrit des articles sur ma « Motivation », sur « Comprendre un Personnage », et « Comment vaincre le trac ». Mlle Kinsey m'a aidée à les rédiger. Elle les trouve tellement bien qu'elle voudrait même les publier dans *La Gazette* !

Un ennui, pourtant : Alicia s'est fait voler son porte-monnaie aujourd'hui, et elle accuse Nathan.

Elle a fait un tas d'histoires dans la classe, et tout le monde s'est pressé autour d'elle pour voir ce qui se passait.

– C'est mon nouveau porte-monnaie, sanglotait-elle. Il a disparu et il y avait *au moins* vingt livres à l'intérieur !

– Oh non, Alicia ! (J'étais sincèrement désolée pour elle.)

J'ai voulu la prendre dans mes bras, parce qu'on est amies, après tout... enfin, je *crois* qu'on l'est... même si, honnêtement, je ne sais pas vraiment quoi penser depuis les auditions. De toute façon, elle m'a repoussée. Et elle a ajouté :

– Tu sais qui a fait ça, toi ? C'est ce Nathan Hunderchunk ! Je te l'ai dit, TOUS les Hunderchunk sont fous. Et ce genre de chose, ça lui ressemble bien.

J'étais super choquée :

– Non ! Ça ne lui ressemble pas du tout, justement !

Alicia m'a lancé son regard dur.

Parfois, on sait très bien qu'on ferait mieux de se taire. Et pourtant ON NE PEUT PAS. C'est pour ça que j'ai continué sur le même ton :

– Nathan n'est pas un voleur. C'est vrai, Alicia. Je suis très triste pour ton porte-monnaie, mais ce n'est pas Nathan. J'en suis certaine.

– Oh, a répondu Alicia, glaciale. Je me doute que tu t'y connais.

– Désolée pour ton porte-monnaie, Alicia, ai-je murmuré d'un air misérable.

Et là, elle m'a souri gentiment. Enfin, je crois que ça voulait être gentil. Mais ça semblait aussi un peu faux.

– Pas de problème. Je suis sûre qu'on trouvera le coupable. Comme toujours, n'est-ce pas ?

**Après l'école**

Je pensais qu'Alicia allait redevenir toute normale et gentille, après son sourire... mais maintenant je ne sais plus. Parce que, pendant la récréation de l'après-midi, elle m'a demandé :

– C'est vrai que ton père a fait de la prison ?

J'ai bafouillé, et elle en a profité pour enchaîner :

– Oh, ma *pauvre* ! Ça doit être *teeeellement* dur pour toi. Vivre dans la peur qu'il puisse commettre un nouveau crime...

– C'est impossible. Jamais !

Elle a froncé légèrement les sourcils, puis elle m'a prise dans ses bras en murmurant :

– Bien sûr ! C'est évident ! Parce que – je le disais ce matin – on trouve toujours les coupables. Alors, comme il n'a pas envie de te faire subir de nouveau toute cette souffrance... l'arrestation à la maison, la montée dans le fourgon de police et...

J'ai crié :

– La ferme, Alicia.

Ses yeux d'acier ont un peu cillé. Mais elle n'a plus rien ajouté.

## Vingt-septième jour

**Samedi. Atroce!**

Cher journal,

J'ai vécu une expérience épouvantable ! J'en resterai probablement marquée toute ma vie !

Juste après le déjeuner, quelqu'un a frappé et Bill est allé répondre. Ensuite, je n'ai plus rien entendu, jusqu'au « Une visite pour toi ! » de Bill, lancé du bas de l'escalier au moment où on toquait à ma porte.

J'ai pensé : *Tiens, Keisha !* Alors j'ai crié :

– Entrez !

Ce n'était pas Keisha, cher journal. C'était Nathan Hunderchunk !

J'étais en pleine répétition d'Eliza, j'avais un rideau accroché dans ma culotte (trop long à raconter, cher journal ; laisse-moi seulement te dire que c'est difficile d'improviser une robe du soir, d'accord ?) et je ne m'attendais pas, mais alors

PAS DU TOUT, à voir Nathan Hunderchunk. J'ai poussé un hurlement, et dans la panique je me suis empêtrée encore plus dans le rideau. Nathan était planté à la porte, l'air effaré.

– Ça... ça... ça va ? a-t-il réussi à articuler.

J'ai essayé de me dégager du rideau, et je me suis effondrée sur mon lit :

– Non ! Enfin... si ! Ça va !

– Il y a un piano au milieu du couloir.

– Quoi ? Ah oui... je sais !

Et maintenant, voilà ce que j'ai gagné, cher journal : Nathan Hunderchunk, le garçon le plus *quacko de* l'école, va penser que je suis encore plus *quacko* que lui.

– Qu'est-ce que tu veux, Nathan ? lui ai-je demandé, en essayant de reprendre un peu de dignité tout en me redressant sur mon lit. Je suis terriblement occupée par mes répétitions.

– Je voulais... je voulais juste te remercier de m'avoir défendu devant Alicia. D'avoir dit que je n'avais pas volé son porte-monnaie. Rafiq m'a raconté que tu avais été vraiment sympa.

– Oh ! je t'en prie. (Je lui ai fait un sourire *Princessieux*, plein d'élégance et d'amabilité.) Je sais bien que tu n'aurais jamais fait ça.

Il restait planté là, à se balancer d'un pied sur l'autre :

– Je me demandais... je me demandais si...

– Quoi, Nathan ?

J'essayais de ne pas paraître impatiente.

– Euh... si un jour... tu ne voudrais pas sortir avec moi.

Cher journal, j'en suis restée toute bête. Et toute muette.

– J'ai deux entrées pour le championnat de Programmation informatique, a-t-il enchaîné, plein d'enthousiasme. C'est très intéressant et très mathématique !

J'ai eu un sursaut d'horreur.

– J'ai pensé que, peut-être...

– Non ! ai-je hurlé. NON, Nathan ! Et je suis CATÉGORIQUE !

Cher Journal, quand j'ai raconté ça à Bill, il m'a expliqué que c'était EFFARANT de dire ça. Et il a raison. Mais voilà : ma bouche était hors contrôle !

Pauvre Nathan ! Il s'est sauvé de ma chambre en courant, et je suis restée là sur mon lit à me trouver archi NULLE.

AAAAH !

Je suis tellement gênée !

Tu vois, journal – c'est difficile à expliquer, mais tu es mon journal alors je sais que tu vas comprendre –, en fait, j'ai toujours pensé qu'un jour, dans un futur très, très éloigné, quand je serais enfin devenue une Magnifique Vedette de Cinéma, vers mes seize ans environ, j'*aurais* un petit ami avec qui je sortirais. Mais... ne ris pas, cher journal... j'ai toujours cru que ce serait quelqu'un comme Brad. Tu sais, le petit ami de la Bathsheba des livres. Un garçon grand et séduisant, pas avec une tête d'oignon au vinaigre. Et, bien sûr, il ne m'inviterait pas à des championnats de Programmation informatique, mais plutôt à de Brillantes Avant-premières de Films.

Bref, je n'ai jamais IMAGINÉ que Nathan me proposerait de sortir avec lui.

Alors, passer de Brad (même s'il n'existe pas) à Nathan Hunderchunk, quel choc !

Et puis, ça rime à quoi, tous ces circuits imprimés qu'il n'arrête pas de me donner ? C'est complètement *quacko*. Si un jour j'ai un petit ami, il devra m'offrir du chocolat. (Ou peut-être des fleurs, mais je préfère le chocolat.) Pas des circuits imprimés, en tout cas, et encore moins d'occasion.

Ah, mon Dieu, mon Dieu, j'ai quand même été très brutale avec Nathan.

– Tu vas passer chez lui pour t'excuser, m'a ordonné Bill. (Il était très en colère !) Vraiment, les filles ne se rendent pas compte à quel point elles peuvent être blessantes avec les garçons, parfois !

– Mais je ne veux plus le voir !

Je le pensais très fort à ce moment-là, cher journal. Que je ne voulais plus jamais le revoir. Même si c'est évidemment impossible. De toute façon, je ne veux pas sortir avec lui ! Surtout pour une soirée mathématique !

– Ça n'est pas le problème, Bathsheba ! Tu t'es conduite de façon grossière.

Alors je lui ai écrit une lettre. La voici :

Cher Nathan,

Je suis désolée pour mon non catégorique. Ce que j'ai voulu dire, c'est que je pense vraiment que je ne voudrai jamais sortir avec toi, jamais, mais merci beaucoup de me l'avoir proposé et, s'il te plaît, ne me le redemande plus jamais.

Je suis désolée si je t'ai fait de la peine.

Pardon.

Bathsheba Clarice de Trop

Je vais mettre ce mot dans son casier à l'école. Je n'ose pas le déposer dans sa boîte à lettres... ses affreux chiens risqueraient de le manger. Ou Jason.

## Vingt-huitième jour

### Dimanche

Aujourd'hui, Bill m'a emmenée avec Keisha au club hippique, pour rendre visite à Poppy et Pepper, mes deux poneys. C'était si merveilleux de les retrouver ! Je ne les avais pas vus depuis une éternité.

J'ai pris Poppy (le noir avec l'étoile blanche) et Keisha est montée pour la toute première fois de sa vie, sur Pepper, l'alezan. Elle se cramponnait de toutes ses forces, mais elle souriait tellement que je pense qu'elle a aimé. Je lui ai montré comment mettre la selle, puis comment desseller, et comment bouchonner Pepper à la fin.

Je lui ai raconté pour Nathan Hunderchunk, aussi.

– Les poneys sont plus agréables que les garçons ! ai-je décrété. Quelle idée d'avoir un petit ami ! Pff !

Keisha est devenue toute rouge, mais je suis sûre qu'elle est d'accord.

## Vingt-neuvième jour

**Lundi. Avant l'école.**

Je suis angoissée, cher journal. J'espère que Nathan Hunderchunk ne fera rien de *quacko*, aujourd'hui.

**Déjeuner**

Ouf, Nathan ne m'a pas regardée une seule fois de la journée, ce qui m'a plutôt fait plaisir (mais pas trop non plus). Il s'est même sauvé quand il m'a vue arriver. Alors j'ai mis mon mot dans son casier (ou plutôt je l'ai écrasé dans l'interstice de la porte). J'espère qu'il le trouvera ! Et j'espère que ça le consolera. Pauvre Nathan ! Je l'aime bien... mais pas de CETTE façon.

**Récréation de l'après-midi**

J'ai eu peur que mon mot ne soit pas assez plein d'excuses. (Je ne veux pas que Nathan pense que je suis grossière !) Alors j'en ai écrit un autre, que j'ai glissé aussi dans son casier.

Le voilà :

Cher Nathan,

Pardon si je n'ai vraiment pas du tout envie de sortir avec toi. Mais je trouve que tu fais des vidéos et des minuteurs magnifiques, et que tu es très doué pour le rap et que tu iras loin.

(Je ne pense pas la fin, cher journal, mais je me suis laissé un peu emporter par mon envie d'être gentille avec lui.)

**Après l'école**

Ai trouvé un mot dans MON casier !

*Est-ce que ça serait différent si j'étais beau et sportif comme Rafiq ?*

Je lui ai renvoyé ma réponse :

*Non.*

## Trentième jour

**Mardi**

**7 heures du matin**

Oh non, cher journal. Nathan chante du rap dans la rue, cette fois.

J'ai enfoui ma tête sous l'oreiller, mais je l'entends encore...

*Bathsheba ! tu es une superstar !*
*Tu es mieux que géniale, tu es spec-ta-cu-laire !*
*Tu es la meilleure, tu bats tous les autres...*
*J'ai écrit ton nom sur mon vieux débardeur !*

Il l'a fait pour de vrai, en plus. Au marqueur noir. Je le vois à travers le rideau.

**7h05 du matin**

... Bill est arrivé en bougonnant dans ma chambre, les yeux tout embrouillés de sommeil :

– Tu peux le faire taire ?

– Mais tu m'as demandé de ne pas être grossière avec lui !

Bill a répondu par un mot que je ne peux pas répéter, et il est ressorti. Il a dû se cogner à quelque chose sur le palier, aussi. Puis il a crié par la fenêtre :

– Bathsheba n'a pas l'âge d'avoir un petit ami !

Cher journal, ça a été l'instant le plus humiliant de ma vie.

**7 h 30 du matin**

Nathan a fini par s'en aller.

Et maintenant je dois me lever pour partir à l'école, où j'espère bien ne pas le voir !

**Après l'école, très fatiguée, parce que j'ai été réveillée trop tôt ce matin.**

Ça y est, cher journal, on a fini le bouclage du premier numéro de *La Gazette de Clotborough* !

C'est ce qu'on dit, quand tout est bien ficelé et terminé. Après, on fait le tirage, et le journal sort tout chaud de la photocopieuse !

On a imprimé cent cinquante exemplaires, et sur chaque première page il y a mon article « Être Bathsheba » ! Mon interview de Rafiq est au dos, avec les Actualités sportives.

Waouh !

Je suis super contente et fière. Je vais envoyer un exemplaire à maman en Amérique, pour qu'elle voie que je suis déjà célèbre !

Je n'arrive pas à croire que je vais à l'école depuis déjà un mois entier ! Je me suis bien amusée, mais pas du tout comme je m'y attendais. J'aurais au moins parié sur une coupe de hockey volée, après tout ce temps. Bon... le trimestre n'est pas encore terminé !

Mlle Kinsey nous a apporté des gâteaux secs pour fêter la sortie du journal, ce qui fait qu'il était très tard quand nous sommes parties. Keisha était épuisée – d'ailleurs, Mlle Kinsey a reconnu qu'elle avait travaillé très dur sur ce numéro, et qu'elle méritait une médaille d'or. Mais nous n'en avions pas, alors nous sommes rentrées à la maison pour regarder *La Chronique du Dramarama*.

– Ce sera peut-être nous, l'été prochain, rêvait Keisha.

Peut-être, cher journal ! Je suis très fière de mon dossier de candidature, en tout cas. Je *peux* être prise, je crois sincèrement que je le peux ! Et, si je suis acceptée, je serai peut-être une de celles qu'ils choisiront de filmer ! Alors, là, je serai devenue une star pour de vrai !

## Trente et unième jour

**Mercredi**

CATASTROPHE !!!

Les ordinateurs de l'école ont été volés !!!

Je regrette, Mlle Kinsey, mais, à cette seconde, j'ai besoin d'un maximum de points d'exclamation, ainsi que du dictionnaire analogique.

C'est une catastrophe, un désastre une calamité un bouleversement une dévastation un anéantissement un cataclysme !!!!!! Et c'est surtout la ruine de mon rêve le plus cher !!!!!

Plus question de partir en stage cette année. Nos dossiers de candidature étaient dans les ordinateurs qui ont DISPARU ! Et la date limite d'envoi est lundi prochain !

J'ai compris que quelque chose s'était passé avant même d'entrer dans la classe. J'ai entendu des pleurs, et les cris d'Alicia, et j'ai tout de suite su que c'était Keisha qui pleurait. J'ai COURU dans le couloir, et je me suis engouffrée dans la classe... Keisha était en larmes, Alicia criait, et les autres s'agglutinaient lamentablement autour d'elles.

– Qu'est-ce qu'il y a ?

– Ce n'est pas ma faute ! sanglotait Keisha.

– Sauf que c'est toi qui as fermé la porte de la salle informatique, hier soir, hurlait Alicia. Alors est-ce que tu l'as VRAIMENT fermée à clé ? Tu ne l'as peut-être pas bien fermée, tout simplement, ce qui leur a permis d'entrer et...

– De quoi parles-tu ? ai-je crié.

Et c'est là que Keisha m'a appris le vol des ordinateurs. Et que tout le monde l'accusait.

Hier, après le club Journal, Mlle Kinsey a oublié de fermer à clé la salle informatique ; on était à mi-chemin dans le couloir quand elle s'en est rendu compte. Alors... elle a demandé à Keisha : « Va vite fermer la porte, tu veux ? » Et elle lui a donné ses clés. Et Keisha a fait demi-tour pour lui obéir.

Maintenant les gens l'accusent d'avoir mal fermé la porte ? J'ai explosé de colère.

– C'est ridicule, Alicia ! Mlle Kinsey a confié ses clés à Keisha parce qu'elle est la plus responsable, et vous le savez très bien ! C'est impossible qu'elle n'ait pas fermé correctement. Et puis, de toute façon, les voleurs ont forcé l'entrée de l'école ! C'est aussi la faute de Keisha, ça ?

Ça leur a cloué le bec à tous. Et Mlle Kinsey est arrivée à ce moment-là. Elle avait visiblement entendu ce qu'on venait de dire, parce qu'elle a déclaré, avec beaucoup de gravité :

– Je ne veux plus de ces reproches stupides que vous adressez à Keisha. Si quelqu'un est en tort, c'est moi !

– Ce n'est pas votre faute, Mademoiselle Kinsey.

Je le pensais sincèrement.

Parce que, vraiment, la question de savoir qui blâmer n'a aucune importance.

Les dossiers de candidatures pour le Dramarama ont disparu.

## Trente-deuxième jour

**Jeudi**

Cher journal,

La situation ne fait qu'empirer !

Quand je suis arrivée en classe ce matin, il y avait un attroupement autour d'Alicia, Chanelle et Davina. Et tout le monde s'est retourné quand je suis entrée. En souriant.

– Bath ! Quel plaisir de te voir ! m'a lancé Alicia.

Je l'ai regardée avec méfiance.

Elle a agité un journal devant moi. Notre journal. *La Gazette de Clotborough.*

– Quel bonheur ! Tu vas sauver la situation, a-t-elle repris, moqueuse. Et retrouver les ordinateurs.

– Quoi ?

– Mais oui... comme tu l'as promis.

Elle m'a tendu l'exemplaire.

Cher journal, j'ai lu ces mots. MES mots.

J'espère qu'il va se passer quelque chose d'horrible, du genre « On a volé la Coupe de Hockey », parce que c'est toujours ce qui arrive dans les livres sur l'école... dans ceux de maman, en tout cas. Et là, pas de panique ! J'attrape le voleur !

Cher journal, pourquoi n'ai-je pas appris cette chose simple : ME TAIRE ?

– À toi, maintenant, Bath, a insisté Chanelle en me gratifiant d'une grimace.

– Très bien, ai-je répliqué, mollement.

Attraper un voleur, cher journal ?

Et je m'y prends COMMENT ?

– Oui, on a raconté à tout le monde que tu te vantais de pouvoir élucider n'importe quel crime, a déclaré Davina.

– Merci, ai-je marmonné.

– Bonne chance, Sherlock, a ajouté Alicia.

Et cette vipère m'a adressé un sourire particulièrement venimeux.

Je me suis assise à ma table et je n'ai rien écouté pendant tout le reste de la journée. J'étais bien trop occupée à me faire du souci. Je me sentais mal. Maintenant, je voyais clairement qu'Alicia n'était PAS mon amie. Pas après son incroyable méchanceté d'hier avec Keisha, et celle d'aujourd'hui avec moi.

Et puis tous ces gens qui venaient me dire : « Bravo, Bath. Génial, c'est super chic de ta part d'attraper le voleur ! », ça ne m'aidait pas.

### Après l'école, et après le club Théâtre

J'essaie de réfléchir. Qui a pu faire ça ? Un bruit court à propos d'un gang international de criminels organisés. Mais toute la journée on a entendu des millions de rumeurs, dont celle que ce serait M. Baxter-Bix qui aurait vendu les ordinateurs et qui serait parti en croisière aux Caraïbes, ce qui est faux puisque je l'ai vu dans son bureau.

Un policier du nom de Steve est venu parler aux élèves du club Journal pendant l'heure du déjeuner. J'espérais obtenir de lui quelques renseignements, mais non, ça n'a pas marché.

Steve nous a tous regardés droit dans les yeux avant d'expliquer :

– Si l'un d'entre vous a vu quelque chose de suspect – quoi que ce soit –, il doit le dire à votre professeur, qui nous le transmettra. Vous n'êtes pas obligés de donner votre nom. Mais c'est un vol important, du matériel d'une valeur de plusieurs milliers de livres. Nous avons besoin de votre aide.

Et il a enchaîné sur la Communauté de l'École et la Communauté En Général, la Responsabilité Morale, des trucs comme ça.

Il était vraiment gentil, cher journal. J'ignore si c'est bien ou mal, mais j'ai pensé... que j'étais contente qu'il ne sache pas que mon père avait fait de la prison.

Personne n'était motivé, au club Théâtre. La plupart des élèves ne faisaient que se plaindre, parce qu'ils n'iraient pas au Dramarama, et les autres racontaient n'importe quoi à propos du vol. Je ne voulais pas regarder Nathan – inutile de l'encourager, ce serait cruel.

– Je sais à quel point vous êtes déçus, a déclaré M. Trucillo. Mais vous connaissez cette phrase : « Le spectacle continue. »

On a tous murmuré « Oui » en hochant la tête.

– Eh bien, voici l'occasion d'appliquer cette vieille maxime ! Dramarama ou non, nous maintenons la programmation de notre *Pygmalion* en version « améliorée ». Et ce sera la meilleure pièce que cette école ait jamais vue, parce que vous êtes tous des professionnels !

– On est juste des enfants, a objecté un des garçons.

– Et nous ne sommes pas payés, a ajouté Alicia.

(Elle aussi est dans la pièce... elle joue Clara, une lady snob.)

– Être professionnel n'a rien à voir avec l'âge ni avec ce qu'on gagne. C'est une attitude ! J'ai remarqué avec quel sérieux vous avez tous appris vos textes et travaillé en équipe. Être professionnel, c'est aussi savoir faire face à une catastrophe...

Et c'est le lot des comédiens en permanence ! Je sais que je vais être fier de vous.

Eh bien, ça m'a réconfortée, cher journal. Autant que je peux l'être dans ces circonstances.

## Trente-troisième jour

**Vendredi**

**3 heures du matin**

Je m'y prends comment pour attraper le voleur ?

**6 heures du matin**

Voilà. Je suis totalement épuisée, mais je ferais mieux d'écrire la liste des suspects.

Les gens comptent sur moi !

Liste des suspects :

* Un gang international de criminels organisés

* M. Baxter-Bix
* Un vaurien qui passait par là
* Une vaurienne qui passait par là
* L'Association de Libération des Ordinateurs

Oui, cher journal. Même si je sais que ce sont des idées stupides !

**Heure du déjeuner**

– Tu n'es pas obligée de faire ça, Bath ! m'a expliqué Keisha. Tout le monde sait que tu n'es pas une vraie détective.

– Non, tout le monde ne le sait pas ! Les gens croient que je suis exactement comme la Bathsheba des livres – les sixièmes en tout cas. Et puis, Alicia n'attend qu'une chose, c'est que j'échoue. Je ne peux pas abandonner. Je dois au moins essayer.

– Mais pourquoi, Bath ?

J'ai réfléchi très fort. Puis j'ai répondu :

– C'est comme pour une audition que tu as peur de rater. Tenter sa chance est plus courageux qu'abandonner sans même essayer.

– Tu as raison, a admis Keisha. D'ailleurs, tu vois ? Tu as fini par obtenir le rôle d'Eliza alors que tu ne t'y attendais pas !

Oui, cher journal.

Mais je ne peux pas réviser mon rôle... je dois attraper ce voleur !

Et Nathan qui n'arrête pas de m'ennuyer. Je n'ai vraiment pas le temps pour ça. Je lui ai demandé de me laisser tranquille, puis je suis partie me cacher dans les toilettes des filles pour qu'il ne me trouve pas.

**Plus tard. À la maison.**

Mmm.

Alors... Peuvent être suspects tous ceux qui ont un mobile. Ou qui ont une occasion.

Bon, je ne sais pas qui a pu avoir cette occasion. Toute personne qui s'est trouvée près de l'école au milieu de la nuit, j'imagine.

Hou là ! Je m'y prends comment pour savoir qui se trouvait près de l'école au milieu de la nuit ?

D'accord. Passons au mobile.

Bien ! Pourquoi voler des ordinateurs ? Pour les revendre et gagner de l'argent, sans doute.

Donc... celui qui a un mobile = celui qui veut plus d'argent.

Eh bien, ça peut être tout le monde.

Je veux dire : Bill a besoin d'argent, par exemple.

Oh non, cher journal. Je viens d'avoir une pensée horrible.

Et s'il avait fait Le Dernier Job ?

Je vais m'évanouir. Pourtant je sais que ce n'est pas vrai. Pas Bill. Impossible. Je n'arrête pas de me répéter : *Quelle absurdité, Bathsheba*, et aussi tous les mots du dictionnaire analogique pour « absurdité », comme SORNETTES et BALIVERNES. Mais, maintenant que j'ai eu cette pensée, je ne peux plus me la sortir de la tête.

J'ai l'estomac retourné, j'ai l'impression qu'il clapote au fond de mes chaussures dans un bouillon froid plein de soucis et d'envie-que-ce-ne-soit-pas-vrai.

**Plus propre... mais pas plus avancée.**

J'ai posé mon stylo et je suis allée prendre un bain. J'ai fait flotter le Canard Quacko sur mon ventre.

*Cher Quacko, je suis sûrement une mauvaise fille ! Comment ai-je pu imaginer une chose pareille sur Bill !*

J'ai terminé mon bain et je suis descendue gonflée de chagrin et d'inquiétude. Bill m'a regardée en fronçant les sourcils :

– Qu'est-ce que tu as ? On croirait que tu portes tous les malheurs du monde sur les épaules.

– Toi aussi, lui ai-je reproché.

– Bof. Je m'inquiète juste à propos de ma recherche d'emploi. Pour dire la vérité, Bath (il a pris une profonde inspiration), ça ne marche pas trop bien.

– Je sais, ai-je répondu, mais je ne comprends pas pourquoi.

– Eh bien... il y a des personnes qui refusent de travailler avec quelqu'un qui a fait de la prison...

– Mais tu as dit que tu regrettais. Tu as purgé ta peine.

Bill a haussé tristement les épaules :

– Oui, mais... les gens ont parfois des difficultés à faire de nouveau confiance à quelqu'un comme moi.

Et là j'ai eu honte, parce que je savais que je ne lui avais pas fait confiance, moi non plus. Je l'ai regardé, et soudain j'ai su, absolument, sans l'ombre d'un doute, qu'il n'avait pas volé les ordinateurs. Impossible. Pas Bill.

Je l'ai embrassé.

Il a ri :

– En quel honneur ?

– En l'honneur d'un papa génial, lui ai-je répondu. Tu vas trouver du travail. J'en suis sûre. J'ai confiance en toi.

**Tard le soir**

Quelqu'un a sonné à la porte et a filé en courant !

Trois fois de suite !

À la troisième, Bill a crié dans la rue :

– Encore une fois et j'appelle la police !

Je crois que j'ai vu disparaître un survêtement blanc près de la maison des Hunderchunk.

## Trente-quatrième jour

**Samedi**

Cher journal,

C'était la pire semaine de toute ma vie.

Tu sais ? Parfois, tu penses que la situation ne peut pas aller plus mal... Et pourtant elle s'aggrave.

Ensuite, tu découvres qu'elle peut encore empirer.

Mais finalement un évènement inattendu se produit... et alors, là, tu sombres carrément dans la folie...

J'écris ça samedi dans la nuit, parce que j'ai été BEAUCOUP TROP OCCUPÉE pour noter quoi que ce soit sur le moment – je n'y ai même pas pensé. Mais maintenant je suis prête, et je suis ENFIN suffisamment calme pour essayer de le raconter !

Bien ! Ce matin, j'ai téléphoné à Keisha, afin de voir si elle avait une idée pour attraper le voleur. Je sais... elle devait être aux majorettes, mais j'avais oublié. Je m'en suis souvenue au moment où Bev a décroché le téléphone.

– Oh, pardon... C'est vrai... Keisha est aux majorettes, me suis-je excusée.

Et j'allais dire au revoir et raccrocher, quand Bev a répondu :

– Aux majorettes ? Qu'est-ce que tu racontes ? Elle est allée à la bibliothèque pour travailler, Bath.

J'ai fait « Oh ! » au ralenti. Mais mon cerveau s'est mis à marcher à toute vitesse.

La bibliothèque ? Elle avait donc abandonné les majorettes ? Pourquoi ne me l'avait-elle pas dit ? D'habitude, Keisha me raconte tout... mis à part son grand secret.

Bev m'a demandé :

– Tu vas bien, ma chérie ?

J'ai répété : « Oh ! » et « Oui, merci ! » Puis j'ai raccroché.

Je ne savais pas QUOI penser.

Ma seule certitude, c'était que j'allais me rendre à la bibliothèque. Même si je craignais très fort de ne pas y retrouver Keisha !

En chemin, j'ai imaginé tout ce que Keisha pouvait être en train de manigancer. J'étais inquiète pour elle, en colère, et effrayée, aussi.

Je suis entrée dans la bibliothèque. Pas de Keisha. J'ai regardé partout. Même dans la section Ouvrages de référence. Et c'est là que j'ai entendu les voix.

C'était Alicia. Je me suis rappelé qu'elle était déjà venue avec son père. Qui ne devait pas être là, cette fois, parce qu'elle chuchotait et éclatait de rire, ce qu'il n'aurait pas laissé faire.

J'ai entendu :

– Je t'assure, son père a tué quelqu'un. C'est pour ça qu'il est allé en prison.

Je me suis rapprochée un peu. Je me demandais de qui elles parlaient si méchamment. Et soudain, j'ai pensé : *Je n'aime vraiment pas du tout cette Alicia.*

– Mais elle fait *teeeellement* classe ! (C'était Chanelle.) Tu crois que son père est un assassin ?

Alicia a éclaté de rire :

– Oh, Bathsheba n'est pas si classe ! Elle habite une affreuse petite maison... juste en face de ces fous de Hunderchunk. Et, oui, son père a vraiment tué quelqu'un. C'était dans tous les journaux !

J'ai eu l'impression que ma tête se mettait à tournoyer et à tourbillonner à toute vitesse. Je n'en croyais pas mes oreilles.

J'ai pris une grande inspiration, et j'ai bondi de derrière mon étagère. Alicia a levé les yeux. J'ai vu son expression changer dès qu'elle m'a aperçue.

– Oh, Bath ! s'est-elle écriée. Salut ! On était juste... heu...

Chanelle et Davina me dévisageaient avec des yeux énormes, horrifiés. J'ai dégluti.

– Tu sais que ça n'est pas vrai ! ai-je lancé d'une voix beaucoup moins assurée que je ne l'aurais voulu. C'est faux, Alicia ! Tu mens !

– Quoi ?

Elle a haussé les épaules et m'a regardée d'un air innocent.

– Ce que tu viens de dire. À propos de mon père. C'est faux.

Alicia a détourné les yeux comme si elle s'ennuyait ou se sentait gênée, l'un ou l'autre, je ne sais pas.

– Et alors ? a-t-elle répliqué. On s'en moque !

Cher journal, c'est simple, j'en suis restée sans voix. Enfin quoi ? Je sais bien qu'elle raffole des potins, mais je pensais qu'elle les répétait au moins parce qu'elle les croyait vrais !

J'ai donc fait demi-tour et j'ai filé. J'ai l'impression de faire ça tout le temps ! Me sauver en courant quand je suis énervée... Peut-être que je n'aurais pas dû. Mais je ne pouvais plus supporter la vue d'Alicia. Point.

Je n'ai pas eu non plus le courage de retraverser la bibliothèque, à cause de tous ces gens qui m'observaient. J'avais reçu un coup dans la poitrine, et je sentais les larmes dégouliner sur mon visage. J'ai vu un écriteau *Issue de secours*, j'ai poussé la porte et je suis sortie. Il y avait là un escalier extérieur et, à peu près à mi-chemin en contrebas, deux personnes assises, côte à côte, qui se regardaient d'une manière super cloche.

Keisha... et Rafiq.

Cher journal, je me suis figée, la main sur la rampe de l'escalier. Mes larmes avaient totalement séché. Sans doute à cause du choc.

Ils ne me voyaient pas.

Keisha était en train de parler :

– Rafiq, je n'en peux plus de ce secret.

Cher journal, le grand secret de Keisha... c'était donc Rafiq !

Ma première pensée a été : *Dire qu'il était si nul, pour l'interview...* Pff !

J'ai serré les poings. *Très bien ! Fini de te défiler, Bathsheba Clarice de Trop ! Maintenant tu te bats !* Et j'ai explosé :

– Alors c'est ÇA, le grand secret ? À moins que tu en aies d'AUTRES, hein ? MA MEILLEURE AMIE ?

Keisha a poussé un cri perçant en se retournant, et Rafiq a bondi sur ses pieds, l'air abasourdi. Dès que Keisha a vu qu'il s'agissait de moi, elle a baissé la tête et a voulu s'expliquer, mais Rafiq l'a interrompue :

– Écoute, Bathsheba, ce n'est pas la faute de Keisha. C'est moi. Elle ne voulait rien te cacher, mais je l'ai obligée.

Il a soupiré en fourrant les mains dans les poches de son sweat à capuche.

– À cause de mes parents, a-t-il marmonné. Ils sont très sévères. Ils me tueraient s'ils savaient que j'ai une petite amie.

– Oh ? Et alors, qui t'a dit que je leur raconterais ?

J'ai dû serrer les dents pour m'empêcher de trembler de colère.

Keisha m'a implorée du regard :

– Bath, on n'a jamais imaginé que tu le ferais méchamment, mais parfois tu parais tellement amie avec Alicia... Et si tu l'avais laissé échapper devant elle, eh bien, toute l'école aurait été au courant en moins de cinq secondes ! C'est fou ce qu'elle peut détester Raff !

– Non, personne ne l'aurait su, parce que je ne l'aurais jamais dit à Alicia – elle n'est *pas du tout* mon amie ! Tu avais complètement raison à propos d'elle, Keisha. Je regrette de ne pas t'avoir fait confiance.

– C'est moi qui regrette de ne pas t'avoir fait confiance !

– Ça, tu peux !

– On ne l'a dit *à personne*, Bath. Il n'y a pas que les parents de Raff. Il y a aussi maman, tu comprends ? J'avais très peur qu'elle me prive de toutes mes activités si elle découvrait que je passais du temps avec Rafiq au lieu de travailler. Tu la connais, elle est stricte !

C'est vrai, cher journal. Bev est vraiment gentille, mais quand il s'agit de Faire ses Devoirs et de Se Concentrer sur ses Études... alors on dirait qu'elle se change en monstre. Soudain je découvrais qu'avec ce secret à garder Keisha avait dû se rendre malade tout autant que moi. Sa voix vacillait :

– Je te demande pardon, Bath.

– Oh, Keisha, je ne t'en veux pas !

– Bath !

Nous sommes tombées dans les bras l'une de l'autre. Rafiq roulait de grands yeux gênés :

– Quand vous aurez fini, les filles...

– Mais enfin, pourquoi Alicia déteste Rafiq ? ai-je demandé. À moins que ce soit *encore* un secret ?

Keisha a jeté un coup d'œil en direction de Rafiq, qui l'a rassurée :

– Allez, vas-y, elle connaît déjà toute l'histoire, de toute façon.

– Bon, mais ça doit rester entre toi, Raff et moi. D'accord, Bath ?

J'ai acquiescé vigoureusement. S'il y a bien une chose que je ne ferai PAS, cher journal, c'est répandre des commérages ! J'en ai déjà suffisamment entendu avec l'affreuse Alicia !

– Alors, voilà. L'année dernière, Alicia a demandé à Raff s'il voulait sortir avec elle, a commencé Keisha.

– Non !

– Si ! Et il a refusé. Elle a été *super* vexée. Et alors... tu ne vas pas le croire... elle est allée demander à Hannah Lumb de le tabasser !

Rafiq avait l'air mortifié.

– S'il te plaît, m'a-t-il suppliée, ne répète jamais ça. Si on savait que j'ai été frappé par une fille...

Il a frissonné.

– Moi aussi, j'ai une histoire sur Alicia ! Un cauchemar !

Je leur ai raconté la conversation que je venais de surprendre dans la bibliothèque. À la fin, j'ai regardé Keisha et, vraiment, je me suis mise à avoir très peur. Je ne l'avais jamais vue si en colère. Ses narines étaient devenues blanches, toutes pincées, et ses yeux étincelaient comme ceux d'une lionne.

– Ça va, ai-je repris très vite. Je veux dire : ça n'a pas d'importance ! Je te promets. Pour moi, c'est du passé, maintenant ! Keisha ? Keish ?

– CETTE ALICIA ! (Elle a explosé. J'ai carrément baissé la tête, et Rafiq a tressailli, effaré.) C'est vraiment la PIRE, la plus NULLE... Oh ! Oh ! Oh ! (Elle a bondi sur ses pieds en serrant les poings et s'est mise à souffler par à-coups, comme un ballon qui se dégonfle.) Je vais lui apprendre, moi !

– Tu ne vas pas te battre ? ai-je couiné.

J'ai regardé Rafiq, qui m'a regardée aussi. De toute évidence, il pensait comme moi : *Au secours !!!*

– Je vais... je vais... Oh ! Suis-moi !

Elle m'a saisie par le poignet et elle est partie, furax, en me traînant tout du long comme si j'étais une valise. Rafiq nous a suivies en courant. Nous sommes retournés dans la section Ouvrages de référence, mais Alicia n'était plus là. Il n'y avait plus que Chanelle et Davina, qui chuchotaient avec des mines angoissées.

– Où est Alicia ? a crié Keisha.

– Elle est rentrée chez elle, a répondu Chanelle.

– Oui, la méchanceté de Bathsheba l'a rendue complètement malade, a ajouté Davina, en me lançant un regard empoisonné.

– Oh !

J'étais vraiment outrée. Mais je n'ai pas eu l'occasion de me défendre, car Keisha traversait de nouveau la bibliothèque au pas de charge, et j'ai dû la suivre parce qu'elle était toujours rivée à mon poignet comme une paire de menottes !

Finalement nous sommes parvenus devant une maison que je n'avais encore jamais vue, un peu à la limite du quartier. Le jardin était très soigné, avec des plantes en rangs bien ordonnés, comme si elles avaient été plantées par quelqu'un qui n'avait pas eu peur d'utiliser une règle.

– Keisha, qu'est-ce que tu fais ? s'est inquiété Rafiq.

Mais Keisha sonnait déjà à la porte. C'est seulement quand son père a ouvert que j'ai compris qu'il s'agissait de la maison d'Alicia Abebe.

– Oui ?

Le ton furieux signifiait que nous n'étions pas, mais alors vraiment pas les bienvenus.

– Je voudrais parler à Alicia, s'il vous plaît, a déclaré Keisha.

– Elle fait ses devoirs.

– C'est important, a insisté Keisha.

M. Abebe a lancé un regard très dur à Keisha, puis il a appelé à l'étage, dans une langue étrangère. Alicia a déboulé très vite. Elle a paru sidérée, un peu effrayée, et pas heureuse du tout de nous trouver là. Elle est sortie sur le perron.

– Cinq minutes, lui a ordonné son père. Après, tu te remets à tes maths !

Alicia a hoché la tête. Son père nous a lancé un dernier regard appuyé comme une promesse de vengeance, puis il s'est fondu dans les ombres de la maison tel un vampire.

– Keisha..., a commencé Alicia, mal à l'aise.

Keisha la dévisageait, furieuse.

– Alicia, a-t-elle répliqué.

On aurait dit deux lionnes qui s'épiaient en tournant l'une autour de l'autre et en grondant... sauf qu'on n'était pas en Afrique, mais dans une rue pluvieuse de Londres.

– Qu'est-ce que tu veux ? a repris Alicia.

– J'ai quelques petits trucs à t'expliquer. Tu te crois peut-être très intelligente et tu penses que toute l'école est à tes pieds. Mais tu ne nous fais pas peur. Maintenant, Bath sait parfaitement à quoi s'en tenir avec toi, et tes manigances, ça suffit !

– Ah oui ? s'est moquée Alicia.

Puis elle a regardé Rafiq :

– Qu’est-ce qu’il fait là ?

Rafiq a eu l’air embarrassé :

– Je suis venu pour le cas où Keisha aurait besoin d’aide.

Alicia a poussé une sorte de hennissement :

– Tu ne sais même pas te défendre toi-même !

Puis elle a regardé Keisha (qui ne faisait pas mine d’appeler à l’aide, en effet). Et soudain ses yeux sont devenus immenses.

– J’ai compris ! s’est-elle exclamée. Ah ! Je *savais bien* qu’il se passait quelque chose !

Et elle s’est mise à chantonner :

– « Oh, les amour... »

– Tais-toi ! ont crié en même temps Keisha et Rafiq.

Alicia nous a fait une grimace.

– Bien, bien. Et si je le disais à vos parents ? Rafiq, je parie que les tiens seraient *très* intéressés.

Keisha s’est redressée de toute sa hauteur (elle est plutôt grande pour son âge, cher journal).

– Et si je racontais *aux tiens* les mensonges que tu répands sur le père de Bathsheba ? a répliqué Keisha. Tu veux que j'appelle ton père, là ? Tiens, je pourrais aussi lui raconter que tu caches des magazines *people* dans ton livre de maths.

Alicia n'a rien répondu. Pourtant elle était toute pâle.

– Oui, réfléchis bien à ça, a repris Keisha. Et à l'avenir, écarte-toi de notre chemin !

Puis elle s'est éloignée en se pavanant. Comme une lionne qui viendrait d'éviscérer un chacal.

J'ai cligné de l'œil vers Rafiq, et tous les deux on a regardé Alicia. Toujours immobile sur le perron, elle était devenue verte.

Alors on a COURU rejoindre Keisha.

VOILÀ, cher journal. Ça, c'était ma journée d'aujourd'hui !

J'ai découvert que celle que je croyais mon amie était en réalité ma pire ennemie.

J'ai découvert que ma meilleure amie sortait avec un garçon.

Et j'ai vu ma meilleure amie se changer en Lionne Chasseresse !

Pas étonnant que je sois complètement épuisée.

J'ai enfin remis à Keisha la Médaille de Meilleure Amie. Pour services rendus à l'Amitié. Bien au-delà du Devoir Minimum Exigé.

Elle est devenue toute rouge :

– Je ne la mérite pas, Bath !

– Si ! Tu as fait le maximum pour être une super-amie, avec moi, mais aussi avec Rafiq... Alors, tu la mérites deux fois.

## Trente-cinquième jour

**Dimanche**

Cher journal,

Pourquoi n'ai-je jamais droit à une seule journée normale ? !

J'ai passé des heures sur l'ordinateur, à chercher comment piéger les voleurs. Mais il faut toujours des empreintes digitales et des caméras. Et, puisque les voleurs de l'école n'ont pas laissé de mégot de cigare sur les lieux, je ne peux pas remonter la piste jusqu'à un petit village du Mexique, comme dans *Bathsheba et la queue du jaguar*. J'ai décidé d'aller m'aérer pour m'activer les méninges.

– Je vais me promener, papa ! ai-je crié en quittant la maison.

J'ai marché jusqu'au tourniquet en toile d'araignée et j'en ai fait le tour plusieurs fois, au cas où ça stimulerait ma réflexion, mais ça n'a pas marché. Je n'avais toujours AUCUNE idée sur la manière d'attraper les voleurs.

Je suis revenue à la maison très contrariée. Pff ! Ça n'avait rien à voir, cher journal, avec la contrariété qui m'attendait cinq secondes plus tard ! Parce que j'ai tourné la clé, je suis rentrée... et j'ai marché jusqu'à la cuisine où j'ai vu Bev... et Bill qui L'EMBRASSAIT !

Pour être précise, Bill a juste lancé les bras en l'air en criant « Hourra ! » et il l'a enlacée en lui plaquant un petit bisou sur la bouche. Bev paraissait troublée, surprise et contente. Et puis elle m'a vue. Qui les observais.

Je ne sais pas pourquoi, mais j'ai carrément fondu en larmes.

– Bathsheba !

Je m'en suis horriblement voulu quand j'ai vu le visage de Bev, parce qu'elle avait vraiment l'air de se faire des reproches. Enfin quoi ! Si je devais choisir quelqu'un sur toute la planète pour être avec Bill, la mère de Keisha ne me dérangerait pas du tout. C'est seulement que je ne m'y attendais pas. J'ai essayé d'expliquer tout ça, mais les sanglots monopolisaient tous les muscles de ma figure.

– Bath !

Bill s'est précipité sur moi. Bev errait plus loin, bouleversée.

Cher journal, je n'ai rien trouvé d'autre à dire (ou plutôt à pleurnicher) que : « J'chuis une... honnête fille, mouaê... ! »

Sincèrement, parfois je suis un peu *quacko*.

– Je suis désolée, vraiment, est intervenue Bev. Je m'en vais, c'est mieux. Je regrette, Bath.

Bill m'a serrée très fort dans ses bras, et j'ai juste entendu la porte se refermer derrière Bev.

– Ça ne m'ennuierait pas que Keisha soit ma sœur, ai-je hoqueté entre deux sanglots. Mais tu promets que tu ne vas pas l'aimer plus que moi ?

(En réalité, je ne sais pas si je mettais Bev ou Keisha dans ce *l* apostrophe, tout était un peu confus.)

– Bath ! Quelle drôle d'idée ! (Bill semblait ahuri.) Bien sûr que non ! Je n'aimerai jamais personne plus que toi... De toute façon, ça n'a rien à voir.

– Je suis une mauvaise fille, ai-je répété. Je n'aidais jamais à la maison, avant. Je ne voulais pas abîmer tes chemises !

– Oh, Bath ! Je t'aimerais même si tu mettais le feu à la maison... Pas la peine d'essayer, s'est-il empressé d'ajouter.

J'ai éclaté de rire. C'était sans doute son but. Les parents sont bien capables de ce genre de ruse.

– Pourquoi ne m'as-tu rien dit à propos de Bev et toi ?

– Parce que... rien ne s'était jamais passé, avant. Ça n'avait même aucune raison d'arriver ! Bev est une superamie, et... (Il s'est interrompu.) Bath, la vie des adultes est parfois très compliquée, a-t-il repris. Mais l'essentiel est que Bev et moi nous t'aimons tous les deux, et que nous n'avons pas l'intention de te faire du mal.

(Pff ! S'il pense que la vie des ADULTES est compliquée, il devrait essayer de se mettre dans la peau d'une adolescente !)

– En fait... je me suis laissé aller, tout à l'heure, parce que... j'ai trouvé du travail !

Son sourire est devenu immense.

– C'est vrai ?

– Oui ! Je vais travailler pour un cousin de Bev dans son entreprise de maintenance en informatique ! Bon salaire, bons horaires... c'est parfait !

– Génial ! ai-je crié. C'est formidable !

Mais je n'ai pas pu rassembler assez d'énergie pour faire une petite danse ni rien du tout. Je me sentais trop accablée.

– Qu'est-ce que tu as ? s'est inquiété Bill. Tu as l'air épuisée, Bath. Je te trouve chiffonnée, depuis quelques jours. Tu sais que tu peux tout me raconter.

Cher journal, j'aurais aimé que ce soit si facile ! J'ai réfléchi à ce que je pouvais lui confier.

Je n'allais pas lui parler des histoires d'Alicia, parce que c'était du passé maintenant, et ça n'aurait fait que lui apporter un stress supplémentaire (dans sa vie d'adulte si compliquée... pff!). Finalement, j'ai répondu: «Rien.» Ce qui aurait pu sonner comme quelque chose de cool et d'élégant, mais qui paraissait surtout triste et désemparé.

Bill a glissé un bras autour de moi:

– Qu'est-ce que tu veux, Bath? Il te manque quelque chose?

– Je veux faire le stage du Dramarama. Mais ça ne se réalisera jamais. Les dossiers de candidature doivent être rendus demain, et je n'ai pas encore retrouvé les ordinateurs de l'école!

Il a soupiré:

– Bath, ce n'est pas à toi de t'occuper de ça. Tu n'y peux rien. Quoi d'autre?

J'ai réfléchi très fort.

Cher journal, j'ai presque tout ce que je veux.

J'ai un père qui m'aime.

J'ai une meilleure amie qui me défend comme une lionne.

Alicia n'est pas mon amie, et je suis sûre qu'elle sera méchante avec moi à l'école... mais c'est son problème !

(Tiens, je me demande si elle tient un journal. Il doit être rempli de dessins de serpents et autres petits animaux venimeux. Et elle doit écrire des choses comme : « Aujourd'hui j'ai fait de la vie d'Untel un enfer. Mouah ah ah ! »)

– Non ! ai-je gémi. La seule chose que je veux vraiment, c'est retrouver les ordinateurs pour aller au Dramarama !

**Plus tard**

Cher journal,

Attention, super nouvelle !

J'étais juste en train de refaire ma liste de suspects quand on a toqué à la porte de ma chambre. Je n'avais même pas entendu que quelqu'un était entré dans la maison – j'étais si concentrée – et je ne m'attendais pas à me trouver nez à nez avec Nathan Hunderchunk !

– Nathan !

J'ai sursauté, j'ai fait tomber mon stylo, et j'ai mis de l'encre partout sur mes notes. *Oh non, il ne va pas encore me demander de sortir avec lui ?*

– Bathsheba – et là j'ai remarqué à quel point il avait l'air inquiet –, s'il te plaît, tu veux bien venir chez moi ? J'ai quelque chose à te montrer.

J'hésitais, cher journal. *Jason, les chiens,* c'était ce qui me traversait l'esprit. Mais Nathan avait l'air vraiment très malheureux.

– S'il te plaît... J'ai besoin de ton aide, a-t-il ajouté.

Cher journal, tu ne devineras jamais pour quoi il avait besoin de moi.

On est partis chez Nathan. Il a insisté pour qu'on rampe derrière les buissons comme si on était des espions, tout en m'assurant que Jason et les chiens étaient sortis, aucun doute là-dessus.

– Ça fait longtemps que j'essaie de te parler en privé. Tu es la seule personne qui peut m'aider, a-t-il bafouillé, parce que tu es tellement intelligente et géniale et incroyable... Tu sais, pour les cartes de circuit imprimé... je voulais juste te donner des choses que j'aime bien. Ça se collectionne...

– Oui, d'accord, Nathan, mais qu'est-ce qui SE PASSE ?

– Tu vas le voir toi-même, a-t-il chuchoté tandis qu'on franchissait la porte d'entrée et qu'on montait à l'étage.

Cher journal, aller dans la chambre de Nathan, c'est comme pénétrer dans un vaisseau spatial d'extraterrestres. Il y a des ordinateurs absolument *partout*. Et des pièces détachées, des bouts de cartes de circuit imprimé bizarres, des câbles, des écrans avec des autocollants « Ne pas avaler » dessus... Des ordinateurs de toutes les sortes !

Dont ceux qui ont été volés à l'école.
!!!!!!!!!!!!!!!!!!!!!!!!!!!!!!!!!!!!!!!!!!!
(Pardon, Mademoiselle Kinsey.)

J'ai tout raconté à Bill.
C'était trop important pour que je fasse autrement.
Il m'a regardée longuement avant de parler :
– Bathsheba, c'est très grave. Tu es vraiment sûre ?
J'ai hoché la tête.
– J'ai reconnu les autocollants « Ne pas avaler » qui sont collés dessus. Ce sont eux, ils sont dans la chambre de Nathan. Jason les a rapportés chez eux pour les cacher.

Ensuite, ma bouche s'est mise à trembler un peu, et j'ai ajouté très vite :

– Mais je ne veux pas que Nathan ait des problèmes !

– Il n'en aura pas, je te le promets, m'a répondu doucement Bill. Mais je crois qu'il faut que j'aie une conversation avec lui. Avant d'appeler la police.

**Dimanche soir**

Bill est allé faire un tour chez les Hunderchunk. Je l'ai supplié de m'emmener, mais il a déclaré qu'il n'en était pas question.

– Mais si Jason essaie de te frapper, papa ?

– Eh bien, raison de plus pour que je ne veuille pas de toi là-bas, non ?

– Je ne te dérangerai pas !

– Non, mais tu pourrais être blessée ! Écoute, si tu entends des cris, tu appelles une ambulance, d'accord ?

Quand il a vu la tête que je faisais, il a ajouté :

– Je plaisante, Bath ! D'ailleurs, je ne crois pas que Jason soit dans la maison. Je l'ai vu sortir avec ces affreux chiens, tout à l'heure.

Cher journal, je suis sur des charbons ardents ! Et je guette par la fenêtre.

Tout est silencieux du côté de la maison des Hunderchunk...

Ça fait déjà cinq minutes que Bill est entré chez eux...

Six...

Sept...

Oh non, cher journal ! Voilà Jason ! Avec ses chiens monstrueux ! Et papa qui est toujours à l'intérieur !

Est-ce que je dois appeler la police ?

Jason s'est arrêté pour laisser ses chiens faire leurs besoins sur la pelouse...

Papa n'est toujours pas sorti...

Aïe, Jason s'avance vers la porte...

**Quinze minutes plus tard**

Ouf ! Alerte terminée !

Sans réfléchir, j'ai ouvert ma fenêtre et j'ai hurlé :

– Papa, papa, attention !

Jason s'est retourné pour voir d'où venaient les cris. EXACTEMENT à ce moment-là, Bill a ouvert la porte. Il est passé devant lui, il lui a souri, l'a salué d'un hochement de tête et d'un « Bonsoir », puis il a descendu leur allée pour regagner la maison !!!

Jason est resté là, bouche bée, à essayer de comprendre ce qui se passait, puis il a rappelé papa :

– Hé, vous ! Qu'est-ce que vous fichez dans notre baraque ?

– Me suis trompé de porte, mon vieux, désolé, a lancé papa par-dessus son épaule.

Et il a continué de marcher très calmement comme s'il n'y avait pas de problème, jusqu'à notre maison !

Il est tellement courageux !

Tellement calme !

Tellement cool !

Je me suis précipitée pour le féliciter :

– Ça va ? Ça va ? Tu as été SPECTACULAIRE !

– Je vais très bien ! J'ai parlé avec Nathan. Tu avais raison... ce sont les ordinateurs de l'école. Jason les a piqués avec un copain, et il les planque dans la chambre de Nathan jusqu'à ce qu'il puisse les revendre. Leur mère s'est absentée pour rendre visite à de la famille, donc ils sont seuls tous les deux en ce moment. Nathan est terrorisé par son frère. Pauvre garçon. (Bill est devenu très sérieux.) Ce frère doit rudement lui empoisonner la vie.

J'ai eu honte. Pauvre, pauvre Nathan. J'aurais aimé ne m'être jamais moquée de ses chaussettes.

– Qu'est-ce qu'on peut faire ? ai-je murmuré.

– Appeler la police, j'imagine.

– Mais, alors, Jason va savoir... il va savoir que Nathan l'a dénoncé !

– Tu vois une autre solution, Bath ?

– Mais on ne peut pas laisser Nathan avoir des ennuis !

Je m'affolais un peu.

Mon cerveau s'est mis à mouliner comme il ne l'avait certainement jamais fait de sa vie... J'avais une obsession : *La Bathsheba des livres saurait exactement comment réagir !*

Et puis j'ai trouvé d'un coup.

– C'est ça ! ai-je crié. Tout est dans les livres ! Je veux dire : le livre ! C'est dans *Intrigue à Paris pour Bathsheba* !

– Bath ? De quoi parles-tu ?

– J'ai un plan, ai-je repris plus calmement. Laisse-moi m'en occuper.

– Allons ! Il n'en est pas question. On ne peut pas faire n'importe quoi.

– Mais Nathan... c'est mon... mon ami. S'il te plaît, papa ? S'il te plaît. C'est un bon plan. Ça ne peut pas rater.

Il a soupiré :

– Bath ? Est-ce le genre de plan que je vais trouver ridicule, si tu me le racontes ?

– Heu... non, mais tu vas peut-être le trouver un peu *Spectaculaire*.

– C'est bien ce que je craignais, a-t-il gémi. D'accord... Explique-moi ton plan.

**Après beaucoup d'action et d'émotions...**

Alors, cher journal,

Voilà ce qu'on a fait.

(Si tu as lu *Intrigue à Paris pour Bathsheba*, tu as deviné !)

On a activé notre plan vers minuit. On voulait agir vite, mais il fallait aussi rester CACHÉS, et Nathan savait que Jason devait ressortir pour aller en boîte et qu'il ne rentrerait probablement pas avant deux heures du matin.

Bill nous a aidés. Je n'aurais pas pu réussir toute seule même s'il m'avait laissée faire, parce que j'avais besoin de lui pour porter les ordinateurs et pour conduire la voiture. À part ça, c'était entièrement mon idée !

J'ai mis mes vêtements les plus sombres et je me suis glissée de l'autre côté de la rue, pendant que Bill démarrait la voiture pour la ranger le long du trottoir des Hunderchunk. Tout était parfaitement silencieux et les lampadaires faisaient des flaques de lumière orange comme des mares de Fanta renversé. J'ai toqué doucement à la porte ; Nathan a ouvert tout de suite. Il m'a regardée comme si j'étais un génie.

– C'est un plan tellement incroyable, Bathsheba ! a-t-il murmuré. Tu es fantastique !

– Chut, l'ai-je interrompu, sérieuse, on a du travail.

Nathan m'a suivie dans l'escalier :

– Ça ressemble un peu à un rendez-vous, tu ne trouves pas ?

– NON, Nathan Hunderchunk, pas du tout ! T'es nul !

J'avais très peur que les chiens se mettent à aboyer, mais Nathan m'a assuré qu'il leur avait fait boire une forte dose de somnifère, qu'il les avait enfermés dans la cuisine et que, de toute façon, ils avaient l'habitude des visites bizarres en pleine nuit, alors ils n'aboyaient jamais, sauf si on leur en donnait l'ordre. Nathan avait aussi séparé les ordinateurs de l'école des autres ordinateurs et les avait stockés sur le palier.

– Je ne voulais pas les garder, a-t-il affirmé, inquiet. Mais je ne savais pas comment m'en débarrasser sans me faire tuer par Jason. Bathsheba, je n'ai jamais vu un aussi bon plan ! Tu es tellement intelligente ! Je savais bien que tu pourrais tout arranger !

– Quel lèche-bottes !

– Pardon, Bathsheba ! Qu'est-ce que je fais, maintenant ?

– Tout va bien ?

C'était Bill qui arrivait. Je lui ai répondu qu'on allait bien et il s'est mis à charger les ordinateurs dans la voiture. J'ai dévalé les escaliers et je suis sortie. Dans la benne, j'ai trouvé une brique que j'ai enveloppée dans un bout de tissu : avec ça j'allais essayer de briser la fenêtre. Il n'était pas question que Bill se charge de tous les trucs amusants !

En fait, casser une vitre est bien plus dur que je le croyais. Il y a eu un bruit ÉNORME et le verre est tombé partout... C'était assez effrayant et j'étais terrifiée à l'idée que quelqu'un puisse se réveiller. Mais personne n'a bougé. J'étais vraiment fière de m'être souvenue de la casser de l'extérieur, comme l'auraient fait de véritables cambrioleurs.

– Il faut que tu t'enfermes dans la salle de bains dès qu'on sera parti, ai-je rappelé à Nathan. Tu dois raconter à Jason que tu as eu vachement peur. Et que les hommes qui ont volé les ordinateurs portaient des masques, alors tu ne sais pas à quoi ils ressemblaient.

Et là, Bill et moi avons roulé jusqu'à l'école. Avec les ordinateurs sur la banquette arrière.

Tu vois, cher journal ? L'idée était que Jason Hunderchunk pense qu'il avait été lui-même cambriolé ! Alors il n'oserait pas prévenir la police, puisque les objets qu'on lui avait volés, il les avait déjà volés lui-même ! Exactement comme les étoles que les voleurs ont volées...

Enfin, j'ESPÈRE que c'est ce qui va se passer... Ça a marché pour moi, dans *Intrigue à Paris pour Bathsheba* ! Avec un peu de chance, ça servira aussi de leçon à Jason.

Nous avons déchargé les ordinateurs devant les grilles de l'école. Bill avait apporté quelques cartons pour les recouvrir afin qu'ils aient l'air d'un gros tas de détritus. Puis nous sommes rentrés à la maison.

En chemin, nous nous sommes arrêtés devant une cabine téléphonique et Bill a appelé la police. Je mourais d'impatience en l'attendant dans la voiture.

– Qu'est-ce que tu leur as raconté ?

– Que des individus suspects traînaient autour de l'école, tout simplement. J'espère qu'ils vont venir ! Et qu'il ne va pas pleuvoir, a-t-il ajouté en remontant les vitres.

J'ai regardé avec inquiétude la lune, qui me regardait avec inquiétude, elle aussi. La pluie et tout ça ne sont jamais un problème dans les livres de maman. *Intrigue à Paris pour Bathsheba* se déroule en plein été.

Quand on est arrivés chez nous, Bill a garé la voiture et je suis entrée dans la maison en bâillant. Et en pensant à ce pauvre Nathan, qui attendait Jason...

– Monte te coucher, m'a ordonné Bill. Moi, je guette le retour du grand frère.

Je n'avais pas l'intention de m'endormir, mais je n'ai pas pu m'en empêcher. Alors, environ une heure plus tard, j'ai été réveillée par un HURLEMENT de RAGE provenant de la maison d'en face !

Je me suis redressée dans mon lit :

– Papa, papa, va voir Nathan, vite !

– C'est parti ! m'a répondu Bill en claquant la porte d'entrée.

Le temps d'enfiler mes chaussons, et je l'ai suivi. Bill a traversé la rue au pas de course et il a sonné. Les chiens gémissaient comme si on les battait, et j'entendais les cris de Jason. Bill a sonné une nouvelle fois. Jason a ouvert la porte comme s'il l'arrachait.

– On a été cambriolés ! a-t-il rugi.

Derrière lui, j'ai aperçu Nathan dans l'escalier. Il m'a fait un signe de la main.

– Quelle horreur, mon vieux ! Tu veux que j'appelle la police ? a proposé Bill.

– Heu... non. Non ! (Soudain, Jason a eu l'air très inquiet.) Ce n'est pas si grave. Ils n'ont pas pris grand-chose.

– Quand même, tu ne crois pas... ?

– Pas de police !

– À toi de voir. Dans ce cas, on retourne se coucher.

Il m'a pris la main pour m'entraîner de l'autre côté de la rue. Je me suis retournée et j'ai vu Jason, désormais tout petit et tout dégonflé, qui refermait sa porte.

Ouf ! Je suis épuisée, cher journal.

Je suis allongée sans pouvoir dormir, à cause de mon cerveau qui marche à cent à l'heure.

Et si quelqu'un d'autre volait les ordinateurs sur le trottoir ?

Et si Jason devinait ce qui s'est passé ?

Et si... Oh, je suis trop fatiguée, cher journal ! Bonne nuit !

## Trente-sixième jour

**Lundi... scène finale !**

J'avais le cœur au bord des lèvres en me dirigeant vers l'école, ce matin.

Je ne m'inquiétais pas seulement pour les ordinateurs, mais aussi pour Nathan !

Heureusement, je n'ai pas eu à me torturer longtemps. Il attendait à l'entrée de la classe, en jetant des regards nerveux autour de lui. Dès qu'il m'a aperçue il m'a souri franchement, alors j'ai tout de suite su que tout allait bien.

J'ai couru vers lui :

– Nathan, qu'est-ce qui s'est passé ? Tu vas bien ?

– Ouais, ça va. Jason aussi m'a demandé comment je me sentais... Je crois qu'il est très choqué d'avoir été cambriolé ! Il n'a même pas tapé sur les chiens !

J'allais l'interroger sur les ordinateurs quand j'ai entendu Keisha m'appeler. Je me suis retournée. Elle se hâtait de nous rejoindre, l'air très excité :

– Bath ! Tu ne vas pas le croire ! On a retrouvé les ordinateurs !

Elle a ralenti quand elle a vu ma tête :

– Hou là ! Tu as l'air claquée !

J'ai bâillé et je lui ai répondu par un grand sourire.

– Bath... Qu'est-ce que tu as ?

– Je te raconterai plus tard.

Et on est entrées dans la classe bras dessus, bras dessous, avec Nathan.

Tout le monde parlait des ordinateurs en essayant d'imaginer ce qui était arrivé. J'ai pensé : *Il y a quelques semaines à peine, je me croyais isolée et complètement perdue dans cette école, et maintenant je suis la seule personne à connaître la vérité, avec Nathan !*

Après l'appel, je marchais dans le couloir avec Keisha, quand deux policiers sont sortis du bureau de M. Baxter-Bix. J'ai entendu l'un d'eux parler d'« empreintes digitales ».

Cher journal, je suis devenue glacée de partout.

Et si Bill n'avait pas porté de gants ?

J'ai essayé et réessayé de me souvenir. Est-ce qu'il avait des gants ? Je ne me rappelais plus de rien.

– Keisha, prête-moi ton téléphone !

– Quoi ? Dans l'école ? Je vais me le faire confisquer !

– C'est une urgence !

J'ai appelé Bill, les doigts tremblants. Mlle Kinsey nous a dépassées et m'a jeté un regard sombre.

– Mademoiselle Kinsey, si vous saviez à quel point c'est urgent, vous mettriez un point d'exclamation, lui ai-je affirmé.

Bill a décroché, la voix complètement ensommeillée.

– Est-ce que tu avais mis des gants ? ai-je chuchoté.

– Comment ?

– Les empreintes ! Des gants !

– Oh, bien sûr, Bath ! Moi aussi j'ai vu quelques films policiers, tu sais.

Il a ri.

Keisha m'a dévisagée tandis que je lui rendais son téléphone :

– Non... Je n'y crois pas ! Ne me dis pas que la nuit dernière...

– Pas le temps de te raconter maintenant, l'ai-je interrompue. On a les dossiers Dramarama à finir avant ce soir !

Cher journal,

On a travaillé comme des fous.

M. Baxter-Bix a été génial. Il a dispensé de cours les élèves du club Théâtre, afin de les laisser travailler avec M. Trucillo et Mlle Kinsey jusqu'à ce que les dossiers soient prêts et envoyés par mail.

Nous n'aurions pas pu y arriver sans Nathan !

Il connaît plein d'incroyables raccourcis clavier pour rassembler les dossiers et leur donner un style vraiment cool ! On le regardait, complètement fascinés, tandis que ses doigts s'envolaient sur le clavier.

– Très impressionnant, jeune homme ! a même reconnu M. Trucillo.

Nathan avait l'air tellement fier.

– C'est vrai, Nathan, tu es une star ! ai-je ajouté.

J'étais si heureuse que je l'ai embrassé.

Et là, malheureusement, il a failli s'évanouir, mais il a vite récupéré et on a pu réunir tous les dossiers... puis les envoyer ! Il était temps...

Maintenant, cher journal, il n'y a plus qu'à ATTENDRE... pour savoir si Keisha et moi sommes acceptées !

Aïe, cher journal... Keisha.

Avec toute cette agitation, j'ai oublié de lui raconter que j'ai vu mon père et sa mère s'embrasser !

Mais est-ce vraiment à moi de lui dire ce secret ?

Voyons, Keisha est ma meilleure amie. Et personne ne m'a demandé de ne pas en parler. Moi, je voudrais le savoir, si j'étais elle !

En plus, les secrets, j'en ai assez !

**Après avoir téléphoné à Keisha.**

Keisha s'est écriée « Pas possible ! », puis elle est devenue complètement silencieuse. Si seulement j'avais été chez elle, j'aurais vu ce qu'elle ressentait réellement, et si elle était très contrariée.

– Bon, c'était juste un petit bisou, ai-je repris. Ils n'étaient pas en train de se rouler une pelle.

– Mmm.

– Keish ? Ça va ? Keish ?

– Oui, a-t-elle répondu, lentement. Enfin... j'aime beaucoup ton père, tu sais bien. Mais...

– Je comprends, Keish. Moi, j'aimerais beaucoup que tu sois ma sœur.

– Tu es déjà ma sœur, a-t-elle protesté. De toutes les manières qui comptent.

Ah ! et puis, j'ai fait autre chose, aussi.

Je suis passée chez Alicia. Parce que, même si la lionnitude de Keisha avait été impressionnante, je connaissais Alicia, maintenant. Qui ne resterait pas terrorisée éternellement, j'en étais convaincue.

– Tu ne t'attendais pas à me voir, j'imagine, ai-je déclaré quand elle a ouvert la porte.

Elle a croisé les bras :

– Je t'écoute.

– J'ai un marché, ai-je repris. Enfin, pour être honnête, c'est plutôt un pot-de-vin.

– Continue.

– Je me moque de ce que tu racontes à propos de moi, mais je ne veux pas te laisser tout gâcher pour Keisha et Rafiq. Alors voilà ce que je te propose. Si tu ne dis rien à leur parents... ni à personne !... je t'emmènerai à ma prochaine soirée super glamour. Parce que, quoi que tu penses, il se trouve que ma mère EST un écrivain célèbre. Nous nous rendons de temps en temps à des lancements de livres très sélects. Tu sais, pour des auteurs comme J. K. Rowling et Geri Halliwell[1]. Et tu pourras m'accompagner. Si tu te tiens bien.

Alicia a souri de son sourire carnassier, et ses yeux ont lancé des étincelles.

– Ça me paraît correct, a-t-elle tranché d'un ton allègre.

---

1. J. K. Rowling est l'auteur des aventures de Harry Potter. Geri Halliwell, chanteuse et actrice, est surtout connue pour avoir fait partie du groupe des Spice Girls. Elle a également écrit des contes pour enfants qui ont été un succès au Royaume-Uni.

J'ai hésité :

– Tu pourrais être sympa, tu sais. Comment se fait-il que tu ne l'es pas ? On aurait pu devenir de vraies amies !

Elle m'a toisée d'un regard terriblement supérieur :

– Si tu avais un tant soit peu d'ambition, Bathsheba, tu comprendrais que les amis ne sont pas importants. Ce qui compte, c'est d'obtenir ce que tu veux.

Et elle m'a claqué la porte au nez.

Ce qui clôt DÉFINITIVEMENT mon amitié avec Alicia. Merci bien !!!

Mais mon amitié bien plus géniale avec Keisha se poursuit et... avec un peu de chance... cet été... nous serons encore plus les meilleures amies du monde au camp du Dramarama !

## LA GAZETTE DE CLOTBOROUGH

Premier trimestre, n° 2

### UN MESSAGE DE M. BAXTER-BIX

Après le mystérieux retour des ordinateurs de l'école, la police a pu identifier le voleur grâce aux techniques modernes des experts scientifiques. Le coupable est désormais arrêté. Un grand merci aux élèves qui sont restés concentrés sur leur travail et qui ont fait preuve de sang-froid pendant cette période troublée.

### TOMBOLA DE NOËL

Une idée magnifique de l'une de nos plus récentes élèves : Bathsheba Clarice de Trop, arrivée en 5e cette année, organisera une tombola de Noël en fin de trimestre afin de rassembler l'argent nécessaire à la rénovation de l'aire de jeux du quartier de Clotborough. Parmi les prix à gagner : un lit à baldaquin, un château gonflable, un Snoopy en peluche géant et un piano.

## PYGMALION, MIS EN SCÈNE
## PAR LE CLUB THÉÂTRE
## RIRES, LARMES ET CHANSONS !

Par notre correspondante (Mlle Kinsey)

Toutes nos félicitations aux membres talentueux du club Théâtre qui ont réalisé une charmante mise en scène de la célèbre comédie *Pygmalion*. Les acteurs ont maîtrisé la pièce avec enthousiasme et ont montré une vraie compréhension de ses personnages. Bathsheba de Trop, dans le rôle principal d'Eliza, interprétait avec bonheur une marchande de fleurs susceptible qui a beaucoup fait rire. Mais elle a également montré un autre aspect d'Eliza, plus vulnérable lorsqu'elle s'efforce de s'adapter à sa nouvelle vie de lady. Son accent cockney, certes très personnel, était à couper le souffle, par moments.

Alicia Abebe mérite aussi une louange toute particulière pour son interprétation de Clara, l'irritable sœur de Freddy.

Dans la première scène, en effet, ses méchantes réflexions destinées à Eliza ont été étonnamment convaincantes.

Une mention spéciale revient aussi à l'équipe des accessoiristes, dont le difficile travail en coulisses a permis le parfait déroulement de toute la représentation, pour le plaisir de tous.

L'invitée surprise de la soirée aura été le célèbre écrivain Mandy de Trop, venue en avion des États-Unis pour assister à la performance de sa fille. Mme de Trop a eu la gentillesse de signer des autographes pendant l'entracte. Et je me suis laissé dire que, selon toute probabilité, Bathsheba pourrait bientôt signer aussi ses propres autographes, car j'ai le plaisir d'annoncer qu'elle a été sélectionnée, ainsi que Keisha Freeman, notre brillant premier rôle de l'année dernière, pour le prochain camp d'été du Dramarama !

MON TOP TEN DES DIX MEILLEURES ASTUCES DE SURVIE POUR L'ÉCOLE

Cher journal,

J'étais complètement paniquée quand j'ai commencé l'école, parce que je ne savais pas ce qui m'attendait. Mais j'ai survécu... Vive moi ! Je vais te confier ici tout ce que j'ai appris...

*10/ Ne mets pas un boa en plumes à l'école... les professeurs détestent ça.*

*9/ Il est très difficile de trouver la bonne salle, au début, mais on s'habitue très vite. (Euh, j'aurais quand même bien aimé avoir un GPS pour école.)*

*8/ Le nœud de cravate, c'est dur, mais c'est comme la bicyclette... une fois qu'on sait, ça ne s'oublie plus.*

*7/ Les ateliers de l'école sont super, quand tu choisis bien celui qui te correspond !*

*6/ Les écoles imposent en général beaucoup de règles... la plupart d'entre elles sont quacko, ou destinées à nous empêcher de nous amuser. MAIS parmi elles il y en a*

*quelques-unes qui sont très importantes et qui Peuvent Te Sauver La Vie. Il n'est pas toujours facile de savoir lesquelles... alors le mieux est sans doute de les suivre toutes (sauf celles qui sont carrément impossibles, comme la règle de la chemise soigneusement glissée dans la jupe ou dans le pantalon pendant toute la journée).*

*5/ Le bruit effarant de la sonnerie signifie que, maintenant, tu devrais te trouver ailleurs. Je vais peut-être lancer une pétition que je remettrai à M. Baxter-Bix pour lui suggérer de la remplacer par un bruit plus sympathique, un joyeux bêlement d'agneau, par exemple...*

*4/ Quand un cours est ennuyeux, il est très tentant d'en profiter pour écrire en cachette des choses plus intéressantes. Mais attention : mieux vaut ne pas se faire prendre !*

*3/ L'école est épuisante ! Il ne faut pas oublier de se distraire pendant les week-ends. C'est amplement mérité !*

*2/ On n'est pas obligé d'être le meilleur dans toutes les matières – ni même dans aucune – il faut juste essayer de faire de son mieux.*

*1/ Être la seule nouvelle fille de la classe peut être effrayant. Mais il faut rester soi-même. C'est la meilleure façon de se faire aimer. Et de rencontrer plein d'amis.*

À suivre...

**Découvre d'autres romans de la collection**

*Estampille*

Découvre Bathsheba Clarice de Trop dans le premier volet de ses aventures :

## Maman, papa, les frites et moi

**de Leila Rasheed**

Traduit de l'anglais (Royaume-Uni)
par Thomas Leclere

« Cher journal,

J'habite avec ma mère un IMMENSE HÔTEL PARTICULIER. Nous avons un amour de vieille gouvernante appelée Mme Dovey, qui m'adore et passe son temps à me cuisiner des gâteaux. J'ai une immense piscine avec mon logo incrusté dans le carrelage du fond. J'ai sept dressings dans lesquels je peux tenir debout. Et puis j'ai des skis flambant neufs, deux poneys, un Jacuzzi. J'ai deux coiffeuses identiques avec le même set de maquillage et les mêmes bijoux, au cas où une amie viendrait s'amuser avec moi.

Bref, voilà !

Ma vie est FORMIDABLE.

Je vais me coucher, maintenant.

PS : Bonne nuit, mon cher journal. J'espère vraiment qu'on sera amis. Il m'arrive souvent de me sentir un peu seule. »

*Une petite fille qui s'ennuie, une maman très occupée, un papa qui réapparaît après de longues années d'absence : un roman qui parle de la vie, de l'amour et des frites.*

## Des poissons dans la tête
**de Louis Sachar**

Traduit de l'anglais (États-Unis)
par Maïca Sanconie

*Mystère, fantaisie et poésie...*
*Bienvenue dans le monde d'Angeline !*

Angeline a huit ans, trois ans d'avance à l'école et des poissons plein la tête... Quand ses camarades la traitent de monstre ou de bébé, elle trouve refuge au milieu des immenses aquariums du Musée océanographique. À moins qu'elle ne se console avec un bon livre d'aventures et un grand verre d'eau salée... Angeline aimerait être une petite fille comme les autres. Or, elle vit dans un monde à elle, extravagant et fabuleux. Jusqu'au jour où elle sympathise avec Barry, le garçon le plus drôle qu'elle ait jamais rencontré. Il lui présente la merveilleuse Miss Terbone. Deux amis d'un coup. Angeline n'aurait même pas osé en rêver !

## Le bonheur selon Lucky

**de Susan Patron**

Traduit de l'anglais (États-Unis)
par Maïca Sanconie

Lucky a dix ans et vit avec Brigitte dans un mobil-home à Hard Pan (43 habitants) en Californie, à la limite du désert. Brigitte n'est pas sa mère, mais sa tutrice, venue de France spécialement pour s'occuper d'elle quelque temps... Lucky l'adore, sauf lorsqu'elle s'écrie : « Oh là là, oh LÀ LÀ LÀ LÀ », quand quelque chose va mal.

D'ailleurs, la fillette a très peur que Brigitte l'abandonne pour retourner vivre en France. Alors, on enverrait Lucky dans un orphelinat, et elle ne pourrait plus voir HSM Beagle, sa chienne fidèle, ni Lincoln son meilleur ami qui fait des nœuds fantastiques avec des cordelettes, ni Miles son petit voisin de cinq ans un peu collant, ni Short Sammy, le roi du chili... Oui, alors là, Lucky toucherait le fond du fond. Elle n'a donc qu'un but – et ça, aucune tempête du désert ne pourra l'en détourner : convaincre Brigitte de ne pas la quitter.

*Un petit chef-d'œuvre de tendresse, de fantaisie et d'humour. Un régal !*

## Marcia vous maquille
**de Claudia Mills**

Traduit de l'anglais (États-Unis)
par Sidonie Van den Dries

Marcia Faitak a passé des vacances pourries, allongée dans un transat, une cheville dans le plâtre, à manger des chips à longueur de journée. Elle va retourner au collège avec trois kilos en trop ! La honte ! Qu'en pensera Alex Ryan, l'élu de son cœur ?

Et voilà que Mme Williams annonce à ses élèves qu'ils devront s'impliquer dans un projet d'intérêt public. Catastrophe ! Marcia est envoyée dans une maison de retraite pour y maquiller les vieilles dames...

*Cet ouvrage a été mis en pages*
*par DV Arts Graphiques à La Rochelle*

*Imprimé par BLACKPRINT CPI*
*en septembre 2012*

*pour le compte des Éditions Bayard*

*Imprimé en Espagne*
N° d'impression : 0000